depressão

DR. ISMAEL SOBRINHO
PREFÁCIO POR PAULO MAZONI

depressão

o que todo cristão precisa saber

Vida

Editora Vida
Rua Conde de Sarzedas, 246 — Liberdade
CEP 01512-070 — São Paulo, SP
Tel.: 0 xx 11 2618 7000
atendimento@editoravida.com.br
www.editoravida.com.br
@editora_vida /editoravida

DEPRESSÃO
© 2019, Dr. Ismael Sobrinho

Todos os direitos desta edição em língua portuguesa reservados e protegidos por Editora Vida pela Lei 9.610, de 19/02/1998.

É proibida a reprodução desta obra por quaisquer meios (físicos, eletrônicos ou digitais), salvo em breves citações, com indicação da fonte.

∎

Exceto em caso de indicação em contrário, todas as citações bíblicas foram extraídas de *Nova Versão Internacional* (NVI)
© 1993, 2000, 2011 by International Bible Society, edição publicada por Editora Vida. Todos os direitos reservados.

Todas as citações bíblicas e de terceiros foram adaptadas segundo o Acordo Ortográfico da Língua Portuguesa, assinado em 1990, em vigor desde janeiro de 2009.

∎

As opiniões expressas nesta obra refletem o ponto de vista de seus autores e não são necessariamente equivalentes às da Editora Vida ou de sua equipe editorial.

Os nomes das pessoas citadas na obra foram alterados nos casos em que poderia surgir alguma situação embaraçosa.

Editor responsável: Gisele Romão da Cruz
Editor-assistente: Marcelo Martins
Preparação: Magno Paganelli
Revisão de provas: Josemar de Souza Pinto
Projeto gráfico e diagramação: Luciana Di Iorio
Capa: Equipe Vida

Todos os grifos são do autor, exceto indicação em contrário.

1. edição: jun. 2019
1. reimp.: jun. 2019
2. reimp.: ago. 2021
3. reimp.: abr. 2022
4. reimp.: set. 2023

Dados Internacionais de Catalogação na Publicação (CIP)
(Câmara Brasileira do Livro, SP, Brasil)

Sobrinho, Ismael
   Depressão : o que todo cristão precisa saber / Ismael Sobrinho. — São Paulo : Editora Vida, 2019.

   ISBN 978-85-383-0396-1
   e-ISBN 978-65-5584-145-9

1. Depressão mental 2. Depressão mental — Aspectos religiosos 3. Emoções — Aspectos religiosos 4. Vida cristã I. Título.

19-25987   CDD-248.8625

Índice para catálogo sistemático:
1. Depressão : Guias de vida cristã : Cristianismo 248.8625
Cibele Maria Dias — Bibliotecária — CRB-8/9427

A Igreja Batista Central de Belo Horizonte, lugar do cuidado de Deus para comigo.

Aos meus filhos Tiago, Laura e Ana, manifestações vivas da graça e do amor de Deus. Ainda pequenos me impulsionam a sonhar.

Agradecimento especial a minha esposa Simone pelo amor, cuidado e críticas justas e sinceras.

Aos meus pais,
fonte de sabedoria para minha vida e espiritualidade,
e a minha esposa, companheira e testemunha das
coisas que Deus é capaz de operar.

Sumário

Prefácio 9
Introdução 13

1. Existe depressão na Bíblia 19
2. Depressão será cada vez mais comum 29
3. Você é um ser biológico, emocional
   e espiritual 37
4. Depressão tem causas emocionais 47
5. Depressão tem causas biológicas 61
6. Somos espiritualmente influenciados 69
7. Depressão não é ter pouca fé, pecado ou
   falta de oração. 77
8. Depressão rouba sua energia, interesse
   e prazer 87
9. Depressão altera o funcionamento do
   seu corpo 93
10. Depressão altera sua identidade 101
11. Depressão pode andar junto com
    a ansiedade 111
12. Nem toda depressão é igual 117
13. Não deixe de ir ao médico 137
14. Um psicólogo será instrumento de Deus .. 149
15. A leitura bíblica mudará sua mente 155
16. Deus pode mudar sua identidade 161
17. Confesse e perdoe 169
18. Creia em milagres 175
19. Frequente uma comunidade 181
20. A oração destrói fortalezas 187
21. Não seja um líder super-herói 195
22. Prevenir é melhor que remediar 201

Palavra final: integrando psicologia,
psiquiatria e fé cristã 207

Prefácio

Vivemos em uma sociedade estressada, ansiosa e muito agressiva. Os fatores emocionais, físicos e espirituais causadores de sofrimentos, perdas, traumas, angústia e ansiedade estão por toda parte, sendo abundantes e universais.

As crescentes pressões e demandas têm nos levado além do nosso limite. As pessoas mais capacitadas colocam esse limite distante. Quando o limite é desrespeitado, cobra-se um preço alto em algum momento da vida.

Nesta época hostil e tóxica em que vivemos, percebemos que há pessoas ficando mais tristes, desinteressadas, isoladas, perdendo o prazer de viver e de lutar por seus objetivos, carregando muita culpa e se mostrando carentes de autoestima. Há uma sensação de cansaço generalizada na sociedade, há perda da concentração e irritabilidade constante.

É nesse ambiente de sensível perda de qualidade de vida, nos aspectos físico, emocional e espiritual, que percebemos o aumento da depressão, uma enfermidade que é incompreendida, embora seja comum e tenha ficado conhecida como "o mal do século". E a depressão não escolhe pessoas de um grupo específico. Independentemente de posição social, idade ou religião, a depressão tem atingido milhões de famílias em todo o mundo.

Por outro lado, a igreja evangélica brasileira tem crescido de maneira impressionante. Uma igreja ainda jovem, mas em contínuo amadurecimento e que tem à sua frente o enorme desafio de pastorear e discipular milhões de novos membros. Entre esses membros, muitos vivem a dolorosa realidade da depressão. Mesmo que se possa dizer que a missão principal da Igreja é a evangelização, cabe a ela proporcionar um crescimento integral para o Corpo, que combine e equilibre quantidade, qualidade e unidade.

Dentre tantos desafios que a Igreja enfrenta, destaca-se o reconhecimento de ser a entidade que represente Deus na terra, acreditar que Deus deseja curar e restaurar os que sofrem e, com base em tal consciência, conseguir, efetivamente, ajudar a cuidar dos que estão com o coração quebrantado, consolar os que andam tristes e trazer renovo aos que têm espírito oprimido.

Como eu já respeitava e admirava profundamente a vida, a capacidade e o trabalho do dr. Ismael, abri este livro com muita expectativa. E devo confessar que, ainda assim, fui surpreendido. Não consegui parar a leitura e a cumpri em poucos dias. Dou graças a Deus pela inspiração que o Senhor lhe concedeu na produção deste trabalho. O dr. Ismael escreve com a autoridade de quem, há anos, dedica-se como médico psiquiatra ao tratamento de tantas pessoas e que tem visto seus esforços coroados de tanto sucesso. Neste livro, ele apresenta as várias facetas da depressão numa linguagem acessível e atraente. Ele nos encoraja na direção da cura, da quebra dos preconceitos, da esperança acima de tudo e nos leva a desejar ser usados por Deus como agentes de restauração da alma.

Creio que este livro tão interessante, acessível e ao mesmo tempo profundo, corajoso e repleto de sugestões práticas, é nas mãos do leitor um autêntico manual de qualidade de vida. Seguramente este livro contribuirá para o bem do indivíduo e para que a comunidade cristã possa amadurecer e se capacitar para abordar com sabedoria e eficácia a tão sensível e demandada questão da depressão.

Assim, *Depressão: o que todo cristão precisa saber* é um livro muito especial para mim e creio que será para muita gente. É, sem dúvida, um presente de Deus para a igreja brasileira. Tenho o privilégio de recomendar a sua leitura a todos e o faço com grande entusiasmo.

—Paulo Mazoni,
Pastor sênior da Igreja Batista Central de Belo Horizonte.

Introdução

Este livro teve origem nas inúmeras experiências que tive ao longo de doze anos de prática psiquiátrica. Ao atender inúmeros cristãos com depressão, percebi que alguns rótulos e tabus usados com alguma frequência entre esse grupo deveriam ser quebrados.

Embora seja uma doença comum, a depressão ainda não é conhecida de maneira adequada por muitas pessoas em nossa sociedade, sobretudo os cristãos. Pessoas deprimidas, além de sofrerem preconceito e incompreensão, não encontram espaço para falarem abertamente sobre as limitações e o sofrimento impostos pela doença.

Entre cristãos, o preconceito e o desconhecimento parecem ser ainda maiores. A depressão normalmente é vista como "problema espiritual" e uma doença que não acomete pessoas que "frequentam uma igreja" — às vezes, o "diagnóstico" vem até acompanhado de um juízo de valor do tipo "Isso não acontece com quem é cristão de verdade", ou rótulos similares. Os que são acometidos de depressão têm sido acusados de estarem "sem fé" ou "em pecado", ou que a depressão ocorre por "não estarem orando o suficiente" ou estarem oprimidos espiritualmente, fazendo uma associação velada ao estado de possessão demoníaca, que seria a próxima numa escala imaginária desse grupo.

Ainda que nas duas últimas duas décadas tenha ocorrido um aumento da procura e do interesse em conhecer melhor a doença, existe claramente uma valorização dos aspectos espirituais em detrimento dos fatores emocionais e biológicos como agentes causais da doença.

Isso pode ser exemplificado por meio de algumas experiências que tive em minha prática clínica. Ao longo deste livro, usarei exemplos da minha experiência clínica no decorrer dos anos, mantendo preservada a identidade dos meus pacientes por meio de nomes fictícios.

Pastor Severino era líder de uma igreja pentecostal, cristão dedicado ao estudo da Palavra e à oração. Era visto por todos como um homem piedoso, forte, emocionalmente estável e capaz de suportar qualquer tribulação ou adversidade. Exercia um trabalho reconhecido na recuperação de dependentes químicos e com pessoas que sofreram diversos tipos de abusos ao longo da vida.

Entretanto, após um período de sobrecarga em suas atividades eclesiásticas, o pastor Severino começou a se mostrar triste, a parecer angustiado, perdendo aos poucos a concentração e a memória, especialmente quando preparava seus sermões. Além disso, passou a apresentar dificuldades para dormir, irritabilidade e falta de prazer nas atividades que mais gostava de realizar. Nitidamente esses sintomas indicavam que ele estava passando por um quadro depressivo que comprometia a sua vida social e espiritual. Com o tempo e a falta de cuidados médicos, poderia haver desdobramentos no seu corpo físico.

Como todo homem fervoroso na fé, o pastor Severino passou a frequentar um monte, dedicando-se muito mais às suas disciplinas espirituais. Ele aumentou as horas em que passava em oração até que, no final do ano, já não tinha energia nem mesmo para isso. Quando isso aconteceu, seguindo o exemplo do profeta bíblico Elias, ele começou a pedir a Deus que o levasse para junto de si, uma vez que era cristão e não tinha coragem de tirar a própria vida. Em seu atendimento, falou-me das suas angústias e disse desejar ardentemente que "algum caminhão perdesse os freios e o matasse" ou "que tivesse um infarto fulminante ou qualquer morte natural sem sofrimento que o levasse para o céu".

Após um ano e meio de sofrimento e com repercussões negativas em sua igreja e família, o pastor decidiu procurar aconselhamento com outro pastor, mais experiente, que o orientou a procurar um psicólogo, sendo, posteriormente, encaminhado a um psiquiatra. No primeiro momento, ele relutou muito a tudo isso, mas, como estava perdendo o controle sobre seus sentimentos e prejudicando a igreja e sua família, resolveu, enfim, procurar ajuda médica.

Suas palavras durante o primeiro atendimento demonstraram o que boa parte dos cristãos pensa quando o assunto versa sobre os problemas psiquiátricos (emocionais), como já indicamos: "Não sou doido para estar aqui", "Depressão é falta de fé", "É algum pecado que não consegui eliminar", "É porque perdi a comunhão com Deus e deixei de orar muito", "Doutor, deve ser alguma brecha no mundo espiritual, e o Diabo está me oprimindo".

Com as entrevistas feitas, foi descoberto que em sua família havia inúmeros casos de depressão. Por conta disso, ele pensava e sempre afirmava que a sua depressão era fruto de maldição hereditária. Essa é uma nova doutrina surgida no Brasil em meados da década de 1990, que associa problemas de toda ordem, que se estendem por gerações em uma família, a uma maldição que precisa ser "quebrada". Parece ser uma regra entre certos grupos cristãos ignorar os fatores genéticos como fonte ou origem de transtornos emocionais.

Dois anos antes de enfrentar o quadro de depressão, o pastor Severino atravessou um período muito difícil em sua vida, com mudança de cidade, problemas pessoais e ocorrências ministeriais, o que ocasionou uma pressão emocional nunca antes experimentada por ele. Após alguns atendimentos médicos, ele reconheceu a necessidade de tratamento, aceitando, enfim, o diagnóstico de depressão. Com o apoio da família, resolveu fazer uso da medicação indicada. A medicação proporciona aumento de uma substância chamada serotonina em seu cérebro. Foi orientado a fazer psicoterapia e teve supervisão pastoral.

Por fim, após trinta dias, o paciente já apresentava melhora. Ele retornou ao consultório e disse estar conseguindo orar e preparar novamente seus sermões normalmente. Sua esposa dizia que ele já não estava tão irritado como antes e que sua igreja percebia que Severino voltava a ser o pastor que sempre fora.

Vencer o preconceito sobre certos quadros clínicos e fazer um tratamento adequado foi um aprendizado muito importante para aquele senhor. Um dos resultados positivos disso é que hoje ele é um pastor mais humano, que tenta escutar com maior discernimento os problemas emocionais dos membros de sua congregação e que evita respostas prontas como "Você tem que orar mais", "Você tem que ter mais fé" e "Vamos ver as brechas". Além disso, consegue perceber a importância de um aconselhamento cristão sistematizado e, quando detecta indícios de haver maior gravidade, encaminha a pessoa para psicólogos e psiquiatras para que possa buscar ajuda especializada.

Outro caso que tratamos foi o de Rute, ministra de louvor em um grupo católico carismático, muito atuante em sua comunidade. Ela mantinha uma vida intensa de piedade, oração, santidade e relacionamento com Deus. Após problemas conjugais, iniciou um quadro depressivo marcado por tristeza e angústia diárias. Como era líder em sua comunidade, sentiu vergonha e medo de compartilhar suas fragilidades emocionais com sua liderança, o que é um receio muito frequente. Isso fez que procurasse ajuda médica somente após um ano depois do surgimento da doença, fazendo que esta se agravasse bastante. Após ajuda médica e espiritual, Rute se viu livre da enfermidade. O agravamento poderia ter sido evitado caso houvesse prontidão em aceitar as coisas da perspectiva adequada.

Após procurarem ajuda médica e emocional, Severino e Rute não ficaram céticos nem deixaram de acreditar na cura divina ou no poder da oração. No entanto, ambos se tornaram mais humanos, sensíveis e puderam entender melhor o conceito bíblico de que o homem é um ser composto de uma parte material — que abrange corpo físico e processamento emocional — e uma parte imaterial, que abrange a sua natureza espiritual. Eles compreenderam que sem saúde emocional a vida espiritual e a física são seriamente comprometidas e limitadas.

Compreender melhor as distinções entre o que é físico, emocional ou espiritual em um transtorno mental é tão complexo como a depressão. Essa é uma tarefa difícil, mas necessária a todo cristão, sobretudo àqueles que exercem cargos de liderança e aconselhamento em sua comunidade, e que são responsáveis pelo cuidado da saúde emocional e espiritual de outras pessoas.

Diante do que expusemos, o objetivo deste livro é tentar levar os leitores a vencer o preconceito e a aumentar seus conhecimentos a respeito da depressão em nosso meio cristão, para que mais pessoas possam ter uma visão equilibrada da questão, de modo que isso as cure e ajude a levar também essa cura a outros.

Apesar de muitas experiências relatadas neste livro terem ocorrido em um consultório médico, esta não é uma obra científica de medicina. Está baseada em questões médicas e psicológicas, mas, acima de tudo, é um livro baseado na teologia cristã. Que os tabus sejam quebrados ao longo desta leitura, para o bem de nossa saúde.

1

Existe depressão na Bíblia

"e entrou no deserto, caminhando um dia. Chegou a um pé de giesta, sentou-se debaixo dele e orou, pedindo a morte: "Já tive o bastante, Senhor. Tira a minha vida; não sou melhor do que os meus antepassados".

(1Reis 19.4)

Existem casos de depressão na Bíblia? Essa é uma pergunta que todo cristão faz quando está lutando contra a depressão ou ajudando alguém com a doença.

Maria, uma paciente que atendi anos atrás, veio ao consultório após meses sendo pressionada por amigos e familiares para que procurasse ajuda. Ela lutava contra a depressão havia algum tempo e, mesmo comprometendo sua energia, interesse e prazer pelas atividades diárias, ela se recusava a procurar ajuda psiquiátrica. Em seu primeiro atendimento, perguntei o motivo pelo qual ela se mostrava tão resistente em buscar ajuda, e sua resposta representa o pensamento de muitos cristãos a respeito da depressão: "Não existe depressão na Bíblia; isso é coisa de quem não tem fé".

Se não compreendermos de fato o que a Bíblia diz sobre a questão e quais os termos que ela emprega para indicar a presença da depressão, deixaremos de usar as armas adequadas para lutar corretamente contra a doença.

A Bíblia, livro inspirado pelo Espírito Santo, apresenta inúmeros relatos de homens e mulheres que experimentaram crises emocionais. Em suas páginas, vemos que Deus não escondeu as fragilidades, os defeitos e os erros de muitos dos seus personagens, mesmo aqueles considerados heróis da fé.

Isso nos revela a humanidade desses homens e mulheres e a possibilidade de qualquer um de nós enfrentar processos semelhantes aos que eles experimentaram em sua vida.

Além do texto bíblico, por meio de inúmeras biografias, sabemos que vários homens que serviram a Deus no decorrer da história da Igreja sofreram com a depressão.

A Escritura Sagrada é mais do que um conjunto de leis e doutrinas teológicas. É um relato claro e direto sobre o relacionamento das pessoas com Deus. A despeito de não ser um livro de psicologia, a Bíblia traz descrições valiosas sobre os dramas e comportamentos humanos diante dessas situações. Deus fez questão de registrar as crises emocionais de homens e mulheres que andavam com ele, para que, assim, nós também pudéssemos reconhecer as nossas fragilidades e limites quando surgissem.

Muitos personagens bíblicos foram usados poderosamente como líderes, guerreiros, profetas, músicos e em outras atribuições por parte de Deus. Produziram histórias que foram registradas nas Escrituras que, ao serem lidas de maneira desatenta, podem transmitir uma falsa impressão de que eles sempre foram fortes, emocionalmente inabaláveis, sexualmente saudáveis e com o temperamento estável. Muitos imaginam que eles não passaram por momentos de dúvida ou apreensão.

Isso é um grande erro, porque vemos na Bíblia homens e mulheres que andaram com Deus e apresentaram, por exemplo, sintomas depressivos e de angústia extrema.

A Bíblia não é um livro científico, mas tem muitas informações sobre depressão

Por não ser um livro científico, ter sido escrita numa época em que não se compreendia, como hoje, as doenças mentais, a Bíblia não traz em nossas traduções o termo "depressão". Isso não nos impede de prestarmos mais atenção nas suas histórias e, assim, verificarmos a ocorrência de situações e períodos de depressão nos dramas humanos experimentados por seus personagens que, apesar de "andarem com Deus", expressaram diversos sintomas condizentes com quadros depressivos e de ansiedade. Com certeza, se existissem consultórios médicos e psicológicos nos tempos bíblicos, seriam diagnosticadas várias pessoas com depressão.

Esses personagens bíblicos eram "humanos como nós" (Tiago 5.17). Suas histórias relatam traumas emocionais não curados, estruturas familiares doentes, temperamentos instáveis, dificuldades de lidar com questões sexuais e até mesmo momentos de depressão com ideação suicida. Foram homens e mulheres de Deus que não deixaram sua humanidade ao serem chamados por Deus e mostraram quanto a vida emocional é importante em nossa caminhada cristã. Além disso, suas histórias mostram que caminhar com Deus e ser usado por ele em grandes feitos não indica, necessariamente, uma vida emocional plena, estável e isenta de traumas, depressão e conflitos.

Assim, podemos encontrar personagens bíblicos que passaram por episódios depressivos ou experimentaram momentos depressivos: Moisés, Jó, Jeremias, Salomão, Davi, Jonas, Pedro, Paulo e talvez o próprio Jesus, quando orou no jardim de Getsêmani.

O relato bíblico mais fiel de um homem poderosamente usado por Deus que apresentou sintomas depressivos é o do profeta Elias. Sua história atinge o ápice em 1Reis 18 e 19. Elias era natural de Tisbe, uma cidade pequena e insignificante na região de Gileade, em Israel. Aparentemente, o profeta era um homem simples, e há algumas indicações que nos levam a crer que era um pouco excêntrico: andava com vestes de pelos presas por um cinto de couro e vivia no deserto.

Elias foi um profeta chamado por Deus, sendo um dos homens mais usados por ele na terra. Sua vida ministerial foi marcada por muitos milagres. Já no início de seu ministério, foi alimentado por um período de maneira sobrenatural, já que pássaros foram enviados por Deus para levar-lhe comida em um verdadeiro *"delivery* celestial". Elias era visto por todos em Israel como um profeta e homem de Deus que deveria ser respeitado.

Em 1Reis 18, Elias atinge o auge do seu ministério profético. Os profetas de Baal (adoradores do deus pagão Baal), 450 homens ao todo, desafiaram o Deus de Israel para saber quem era o Deus verdadeiro. Elias estava sozinho, mas foi usado por Deus para exterminar os profetas idólatras. Por intermédio de Elias, Deus eliminou de Israel os profetas do falso deus Baal. Deus se manifestou por meio do seu servo de maneira extraordinária naquele dia. Israel experimentou um grande avivamento espiritual. Não bastasse isso, por três anos e meio não choveu. Elias subiu o monte para orar, e Deus o usou para mudar o tempo. Ele profetizou e veio uma grande chuva sobre a terra. Não há no Antigo Testamento um profeta com tantos milagres realizados quanto Elias.

Todavia, em 1Reis 19, vemos um Elias totalmente diferente do que foi descrito anteriormente. A Bíblia diz que, após ser ameaçado de morte pelo rei Acabe e por sua esposa Jezabel (rei e rainha idólatras que ficaram enfurecidos com Elias por ele ter matado os profetas de Baal), Elias fugiu para o deserto, se assentou sob um arbusto e teve pensamentos suicidas, pedindo a Deus que o levasse:

> Elias teve medo e fugiu para salvar a vida. Em Berseba de Judá ele deixou o seu servo e entrou no deserto, caminhando um dia. Chegou a um pé de giesta, sentou-se debaixo dele e orou, pedindo a morte: "Já tive o bastante, SENHOR. Tira a minha vida; não sou melhor do que os meus antepassados" (1Reis 19.3,4).

Cristãos também apresentam pensamentos suicidas durante a depressão

Na minha prática clínica, verifico que há cristãos que tendem a expressar pensamentos suicidas de maneira diferente dos pacientes não cristãos. Pacientes sem uma fé e espiritualidade definidas pensam em tirar a própria vida, mas os cristãos pedem a Deus, em oração, para os levar desta vida ou desejam que ele permita uma enfermidade ou acidente que os matem de maneira "natural". Elias claramente apresentou desejos de morte depois de fugir da perseguição. Ele expressou o desejo suicida pedindo a Deus que o levasse.

A grande pergunta sobre esse momento pelo qual passou o profeta seria: "O que teria acontecido com o Elias descrito em 1Reis 18 (forte, corajoso, destemido e cheio do Espírito de Deus) que o fez mudar radicalmente em relação ao Elias descrito no capítulo 19?". E ainda: "Por que ele veio a se sentir fracassado, com a autoestima baixa e desejando a morte?".

Tenho convicção de que Elias apresentou um quadro depressivo, pois consigo enxergar isso no relato bíblico. A depressão faz que o doente hiperdimensione (dê mais valor) às coisas ruins e hipodimensione (dê menos valor) às coisas boas.

Elias estava tão deprimido que, diante da ameaça do rei Acabe, não conseguia processar a situação e perceber, em sua mente, que o mesmo Deus poderoso para o fazer prevalecer sobre os profetas de Baal poderia também vencer o rei que o ameaçava. A depressão, mesmo em cristãos que tiveram experiências poderosas e profundas com Deus ao longo da vida, faz que o doente apresente quadros de medo, angústia, frustração, baixa autoestima e isolamento durante o episódio depressivo.

A depressão muda sua percepção de Deus

Durante a depressão, nem as lembranças dos milagres vividos anteriormente nem os momentos em que foi usado por Deus para profetizar chuva, tampouco o extermínio dos profetas de Baal, conseguiram trazer esperança para que Elias pudesse romper a prisão emocional causada pelos sintomas depressivos. A vida disciplinada de um cristão, bem como ter uma rotina de vida espiritual, são demandas impossíveis para um cristão deprimido. A pessoa pode saber o que é certo e até querer fazer as coisas certas, mas não terá iniciativa nem forças para dar o primeiro passo. Se isso acontecer, e na maioria das vezes é o que acontece, poderá aumentar o seu sentimento de culpa por não "estar orando e buscando a Deus" como deveria, o que alimentará ainda mais a fonte de sua depressão. Deus, conhecedor do coração de Elias, compreendeu amorosamente que o profeta estava emocionalmente doente e interveio de maneira sobrenatural na vida dele.

Creio que as causas da depressão de Elias envolveram fatores biológicos, emocionais e espirituais. Tendemos a ler a sua história de maneira romântica e idealizada, achando que durante toda a sua vida Elias experimentou eventos sobrenaturais. Entretanto, o profeta viveu em uma época de crise nacional, com ocorrência de fome, estresse social e muita sobrecarga emocional na população.

Elias chegou à depressão após um período de esgotamento físico muito intenso. Isso é comprovado pelo fato de que a primeira atitude tomada por Deus para a sua restauração foi dar a ele alimento — Elias estava tão fraco que Deus designou um anjo para levar-lhe comida fresca. A luta contra os profetas de Baal durou um dia inteiro, e isso, com certeza, foi a gota d'água para o estresse físico em um homem que vinha de uma jornada muito sobrecarregada. Períodos de batalha e luta espiritual geram sintomas físicos (cansaço, dores, cefaleia etc.) intensos nas pessoas que os experimentam. Em um capítulo posterior será abordado como o estresse e os fatores biológicos estão relacionados ao surgimento de quadros depressivos.

Outro fator que pode ter contribuído para o processo depressivo de Elias foi de ordem emocional. Ele carregava grande responsabilidade e fama por sua condição espiritual, de modo que as pessoas de seu tempo provavelmente viam nele uma fonte de resolução dos problemas nacionais e de milagres. Lidar com tantas pressões, ser cobrado por ser o "profeta de Deus", o "homem espiritual" e se sentir sozinho ao ter de lutar contra um povo de coração duro produziram tensões e sobrecarga emocional na alma de Elias. Quando estamos fisicamente mal, somos vulneráveis emocional e espiritualmente.

Todo líder cristão que enfrenta pressões e é cobrado por seus liderados a apresentar resultados extraordinários fica sob alto risco de desenvolver depressão. Além de carregar esse imenso fardo sozinho, geralmente não encontra alguém para ouvi-lo, ou não consegue desabafar por causa de constrangimento ou por sentir a obrigação de dar conta dos desafios, em detrimento do chamado.

A depressão promove isolamento social

Elias se sentiu emocionalmente tão abalado que se isolou do grande amigo, Eliseu, com quem andava constantemente. A Bíblia diz que no momento de maior necessidade ele simplesmente abandonou o ajudante pelo caminho e procurou seguir sozinho a jornada da depressão. Pessoas depressivas tendem a se isolar e normalmente não têm forças nem mesmo para ir à igreja. Iremos ver mais adiante que líderes cristãos, assim como Elias, ao enfrentarem uma situação de depressão, isolam-se de seus amigos e da comunidade.

Finalmente, devemos compreender que fatores espirituais também foram importantes para a origem do quadro depressivo de Elias. O profeta vivia em constante guerra e batalha espiritual, pois, como eu disse, eram tempos de muita idolatria, opressão e abandono das leis e dos ensinamentos de Deus por parte do povo de Israel. Com certeza o episódio com os profetas de Baal foi uma batalha espiritual intensa que abalou o profeta física e emocionalmente. Jezabel e Acabe representavam uma força espiritual maligna que trouxe grande sobrecarga espiritual à sua vida.

A rainha era uma mulher oprimida espiritualmente, e acredito que o Diabo, o maior adversário espiritual de todo cristão, aproveitou o momento de fragilidade de Elias para o confrontar emocionalmente. O inimigo, por estudar o comportamento humano por tanto tempo, sabe a hora exata para agir contra cada cristão para o destruir. O momento de depressão é, desta forma, um período de grande fragilidade para qualquer pessoa, mesmo para aquelas com boas histórias de força e vigor espiritual.

Você pode ter uma história espiritual fantástica e mesmo assim lutar contra a depressão

Está claro que Elias apresentou um quadro depressivo que o levou a se sentir sozinho, fragilizado e a pedir a própria morte. O profeta é um exemplo bíblico de que mesmo as pessoas usadas por Deus e com grande experiência ministerial podem apresentar sintomas emocionais graves. Ser chamado por Deus e ter um ministério não faz de ninguém um super-homem. Ao contrário, continuamos sendo homens e mulheres com nossas fragilidades e tendo que enfrentar batalhas avassaladoras. Isso nos mostra a importância de buscar ajuda diante de quadros específicos de abalo emocional ou psíquico.

É possível ver personagens bíblicas enfrentando situações como as que temos descrito aqui, mas não apenas nos tempos bíblicos. Ao longo da história da Igreja, identificamos histórias de homens de Deus que conviveram com a doença em sua caminhada cristã.

Um dos exemplos mais marcantes é o do pastor inglês Charles Spurgeon. Ele tinha um talento extraordinário para a pregação e exposição da Palavra de Deus e, ao longo dos tempos, tem sido considerado por outros teólogos como o "príncipe dos pregadores". Seu ministério alcançou multidões, e seus estudos e sermões abençoam, ainda hoje, a vida de milhares de cristãos ao redor do mundo. É considerado por muitos como o maior pregador de todos os tempos após a Reforma Protestante.

Assim, mesmo tendo sido profundamente usado por Deus, Spurgeon lutou contra a depressão e a ansiedade em vários momentos de sua vida.[1] Assim, vemos que não há homem ou mulher que servem a Deus, no passado ou no presente, que estão imunes a sofrer as doenças da alma, dentre elas a depressão.

A depressão não escolhe raça, estado social, idade, tampouco religião, para se fazer frequente. No entanto, reconhecer que a espiritualidade cristã não nos impede de ter depressão é o primeiro passo para a cura.

---

[1] Eswine, Zack. **A depressão de Spurgeon**. São José dos Campos: Editora Fiel, 2015.

2

Depressão será cada vez mais comum

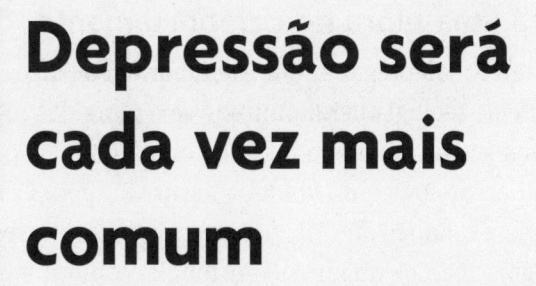

Saiba disto: nos últimos dias sobrevirão tempos horríveis. Os homens serão egoístas, avarentos, presunçosos, arrogantes, blasfemos, desobedientes aos pais, ingratos, ímpios, sem amor pela família, irreconciliáveis, caluniadores, sem domínio próprio, cruéis, inimigos do bem, traidores, precipitados, soberbos, mais amantes dos prazeres do que amigos de Deus, tendo aparência de piedade, mas negando o seu poder. Afaste-se desses também.

(2Timóteo 3.1-5)

A escatologia é o segmento da teologia cristã que trata dos acontecimentos futuros, relacionados ao fim da vida individual, além dos eventos próximos ao tempo do retorno de Jesus para reinar e julgar o mundo. No corpo de estudos da escatologia, é interessante notar que no meio cristão é dada muita ênfase à questão dos sinais nos céus e na terra como possíveis prenúncios do retorno de Jesus à terra (terremotos, guerras, fome etc.).

Entretanto, o texto bíblico também informa que, ao nos aproximarmos do retorno de Jesus, o comportamento humano piorará consideravelmente, e isso poderá, a meu ver, ser como um gatilho para um aumento significativo de quadros psiquiátricos.

A Bíblia diz que perto do fim a humanidade terá uma piora no comportamento

Certa vez, ao pregar em um seminário teológico, um jovem estudante de teologia perguntou-me se a piora das relações humanas e a crescente epidemia de transtornos mentais poderiam ser um sinal escatológico da volta de Jesus. Respondi prontamente que sim e expliquei que da perspectiva bíblica teremos uma piora progressiva nos quadros emocionais, conforme escreveu o apóstolo Paulo em 2Timóteo 3. As doenças da alma serão cada vez mais frequentes, e neste capítulo procurarei demonstrar que isso já vem acontecendo e em quais situações se dá.

De todas as doenças que envolvem o lado emocional do ser humano, a depressão é a mais comum. Estima-se que, de cada 100 pessoas, 15 apresentarão um quadro de depressão ao longo da vida. Segundo a Organização Mundial da Saúde (OMS), atualmente a depressão é a doença que mais provoca incapacidade em todo o mundo.[1]

---

[1] WORLD HEALTH ORGANIZATION. **Depression and other common mental disorders**: Global health estimates. Switzerland, Geneva, 2017. Disponível em: < http://apps.who.int/iris/bitstream/handle/10665/254610/WHO-MSD-MER-2017.2-eng.pdf?sequence=1 >. Acessado em: 11.02.2019.

Atualmente, 300 milhões de pessoas no mundo sofrem de depressão. Isso equivale a uma vez e meia a população brasileira e produz resultados negativos para elas e outros. Pessoas com depressão perdem, em média, oito dias de trabalho por mês, contra apenas um da população saudável. Além disso, a depressão está associada a prejuízos no funcionamento global do sujeito, elevados custos socioeconômicos, queda na qualidade de vida e maior risco de desenvolvimento de outras doenças (como diabetes, câncer, doenças cerebrovasculares), podendo encurtar os anos de vida do indivíduo, bem como levar à traumática morte por suicídio.

Ao atender pacientes com depressão, ouço de quase todos que sofrem preconceito por apresentarem seus sintomas. Revelam sentimentos de incompreensão por parte de pessoas próximas e dizem que se esforçam para não deixar as pessoas perceberem que estão doentes. Isso mostra o preconceito e a sobrecarga emocional que as pessoas com depressão carregam ao longo da vida. Sim, ao longo da vida, porque a depressão, se não for tratada, poderá durar uma vida inteira.

Existem vários fatores de risco para depressão. Alguns são biológicos (físicos), outros emocionais (sociais ou comportamentais) e há os fatores espirituais.

Do ponto de vista biológico, a depressão é duas vezes mais comum em mulheres do que em homens. Fatores hormonais, culturais (como a dupla jornada casa-trabalho) e problemas sociais podem contribuir para a maior frequência de depressão entre pessoas do sexo feminino. A faixa etária com maior frequência de depressão está entre 25 e 40 anos de idade, mas a doença é subdiagnosticada em crianças, adolescentes e idosos. Nas últimas décadas, temos notado um aumento da frequência de depressão e da ocorrência de tentativas de suicídio entre adolescentes e idosos.

Pessoas com enfermidades crônicas, como doenças cardíacas graves, disfunções na tireoide, problemas hormonais, anemia e infecções virais crônicas também apresentam prevalência maior de sintomas depressivos. Em síntese, podemos dizer que a depressão pode estar associada a outras doenças, podendo, por sua vez, prejudicar a evolução de outras doenças clínicas, isto é, agravar outros quadros clínicos, acentuando doenças que aparentemente não têm nada a ver com a depressão.

Genética não é maldição familiar

Outro ponto biológico que merece atenção por aumentar o risco de depressão são os fatores genéticos. Herdamos de nossos pais uma predisposição genética para a cor da pele, dos olhos, variações de peso e para algumas doenças. Assim, pessoas que possuem membros da família com histórico de depressão tendem a apresentar um risco maior para desenvolver a doença, sobretudo se o parente for de primeiro grau. Quanto maior o número de pessoas na família com depressão, maior o risco de desenvolver uma depressão de causas biológicas. Vários genes relacionados à depressão têm sido mapeados nos últimos anos, e esperamos que no futuro tenhamos tratamentos mais específicos de acordo com a genética dos pacientes.

No início de minha caminhada na psiquiatria, uma paciente chamada Ana marcou muito a minha experiência profissional. Ela lutava contra a depressão havia vários anos e procurava, incessantemente, participar de cursos de "libertação espiritual" e "quebra de maldições". Ana acreditava que, por haver vários casos de depressão em sua família, a origem era uma maldição familiar que deveria ser desfeita em sua vida. Expliquei para ela sobre a importância da genética na gênese da depressão, e suas palavras foram de alívio e surpresa: "Estou aliviada, achava que ainda não tinha quebrado esta maldição, porque não tinha fé suficiente".

Entender as funções genéticas do indivíduo é muito importante, porque podemos evitar muitos erros de interpretação comuns no meio cristão. As doenças genéticas são vistas de maneira equivocada, sobretudo em meios que apontei anteriormente, com doutrinas como maldição familiar ou a ocorrência de algum espírito maligno que supostamente atua nas famílias. Não subestimamos a ação dos espíritos malignos, mas é preciso advertir que nem tudo pode ser explicado por meio de suas ações. O não reconhecimento dos fatores genéticos impede uma investigação adequada e o tratamento precoce em famílias de pessoas com casos de depressão.

O cérebro das pessoas com predisposição genética para a depressão apresenta alterações químicas e estruturais que facilitam o aparecimento do quadro depressivo. Mas existem outros fatores biológicos importantes relacionados à maior frequência de depressão, como uso de alguns medicamentos e alguns tipos de inflamação. A associação entre estresse e inflamação cerebral como fator de risco tem sido cada vez mais confirmada por estudos recentes como sendo um quadro que favorece o desenvolvimento da depressão.

É preciso compreender o sentido pretendido pela Bíblia quando ela fala sobre as tais "maldições hereditárias". Ao dizer que Deus castigaria os pecados até a terceira ou quarta geração, como em Deuteronômio 5.9, é preciso considerar que as famílias nos tempos do Antigo Testamento viviam em clãs. Os filhos se casavam e moravam junto aos pais, no mesmo terreno. Nasciam os netos e às vezes bisnetos, e todos permaneciam na mesma terra, cultivando-a ou cuidando dos rebanhos. Ninguém se mudava para longe entre os descendentes dos hebreus. Quando o membro mais velho pecava e não se arrependia, o castigo vinha sobre a sua vida, a sua família, e os descendentes eram atingidos, porque moravam todos no mesmo lugar, não porque Deus era um ser cruel e vingativo que aguardava novos nascimentos para ficar castigando de geração em geração.

Além disso, devemos considerar que o arrependimento é o meio usado por Deus para fazer o castigo por desobediência cessar, como o próprio livro de Deuteronômio declara:

> "e quando vocês e os seus filhos *voltarem para o* Senhor [isto é, se arrependerem], o seu Deus, e *lhe obedecerem* de todo o coração e de toda a alma, de acordo com tudo o que hoje ordeno a vocês, então o Senhor, o seu Deus, trará *restauração* a vocês, e *terá compaixão* de vocês e os reunirá novamente de todas as nações por onde os tiver espalhado" (30.2,3).

Portanto, dizer que fatores espirituais são causa de depressão em uma família constitui, além de um erro teológico, uma grande fonte de culpa e de adiamento do tratamento adequado.

O cristão também sofre influência da cultura e do meio em que vive

Entre os agentes de destaque no aumento do risco da depressão estão os fatores sociais, emocionais e culturais.

É comum as pessoas que passam por situações de estresse ao longo da vida, tais como perda de um ente querido, desemprego, diagnóstico de doença grave ou mudanças nos padrões sociais, terem maior risco de apresentar um quadro depressivo. É possível que somente o desemprego aumente em três vezes o risco de depressão. Além disso, traumas físicos ou emocionais na infância, separação dos pais e histórico de abuso de álcool, drogas e cigarro também contribuem para o aparecimento da doença. Pessoas separadas, divorciadas ou que vivem sozinhas apresentam maiores taxas de depressão do que pessoas casadas ou que vivem acompanhadas. Também são mais afetadas as pessoas que moram em regiões urbanas do que as que vivem na zona rural.

Entre os traços comportamentais, podemos destacar o perfeccionismo, a preocupação excessiva, a baixa autoestima, a timidez e a alta sensibilidade a críticas, todos elementos que aumentam a incidência de depressão.

Pessoas que não possuem grupos sociais de suporte emocional e que não cultivam uma vida de espiritualidade possuem um risco muito maior de desenvolverem quadros depressivos. Hoje a medicina já reconhece a importância da espiritualidade para a prevenção e melhora de inúmeras doenças, sobretudo transtornos mentais. Isso reforça a contribuição que a igreja e as demais comunidades religiosas podem dar, tanto para o auxílio quanto para a prevenção dos quadros depressivos. Em razão da sua composição e das dinâmicas que desenvolve, a igreja é uma comunidade terapêutica altamente eficaz para socorrer pacientes depressivos.

A espiritualidade disfuncional, desajustada, é outra causa que tem relação com os sintomas depressivos. É consenso no meio cristão que as pessoas podem sofrer problemas de saúde física e emocional por influência espiritual e, dessa forma, uma vida espiritual doente produzirá cristãos fisicamente enfermos. Infelizmente, como destacaremos ao longo deste livro, a ênfase em fatores espirituais em detrimento dos físicos e emocionais é o discurso padrão entre muitos grupos cristãos.

A tarefa da igreja na compreensão e no discernimento do que é espiritual e do que é físico ou emocional não é tarefa fácil, mas necessária ao acolhimento do indivíduo que está sofrendo de depressão. Um questionamento que muitos têm feito é se os casos de depressão têm aumentado ao longo das décadas. De fato, segundo dados da Organização Mundial da Saúde, o número de pessoas vivendo com depressão aumentou quase 20% em uma década (2005-2015).[2]

---

[2] FERRARI, A. J. et al. Burden of depressive disorders by country, sex, age, and year: findings from the global burden of disease study 2010. **PLoS Med**, 2013;10(11):e1001547.

Voltando ao que disse o apóstolo Paulo, inspirado pelo Espírito Santo, ele afirmou que perto do fim o comportamento humano pioraria. Segundo o texto bíblico que abre o presente capítulo, os nossos dias (considerando que estamos próximos do tempo do fim) seriam marcados por homens egoístas, avarentos, presunçosos, arrogantes, blasfemos, desobedientes aos pais, ingratos, ímpios, sem amor pela família, irreconciliáveis, caluniadores, sem domínio próprio, cruéis, inimigos do bem, traidores, precipitados, soberbos e mais amantes dos prazeres do que amigos de Deus.

Não é difícil perceber que os comportamentos citados anteriormente estão se cumprindo em nossos dias. Os homens estão cada vez mais egoístas, hedonistas, materialistas, indiferentes, impulsivos e sem relacionamento com Deus e com o próximo. A vida espiritual e emocional de milhões de pessoas tem sido comprometida, fragmentada, enferma e, mesmo sendo vítimas do mundo presente, devolvem, por sua vez, os sintomas daquilo que recebem. É um ciclo que, infelizmente, tem se ampliado sem escolher classe ou condição social.

3

Você é um ser biológico, emocional e espiritual

> Que o próprio Deus da paz os santifique inteiramente. Que todo o espírito, a alma e o corpo de vocês sejam preservados irrepreensíveis na vinda de nosso Senhor Jesus Cristo.
>
> (1Tessalonicenses 5.23)

Impressiona-nos como, com muita antecedência, a Bíblia apresenta conceitos médicos e psicológicos que a ciência apresentaria quase dois mil anos depois. A conexão entre cérebro, mente e espiritualidade é exaustivamente demonstrada nos textos sagrados, mas somente nas últimas décadas a ciência tem admitido e investigado com maior atenção tal conexão.

Uma das questões que mais nos chama a atenção é a ênfase que a Bíblia dá sobre a necessidade que temos de uma vida saudável e santificada em todos os aspectos e que envolva cuidados físicos, emocionais e espirituais. O apóstolo Paulo, escrevendo aos tessalonicenses, indicou o seguinte: "Que o próprio Deus da paz os santifique inteiramente. Que todo o espírito, a alma e o corpo de vocês sejam preservados irrepreensíveis na vinda de nosso Senhor Jesus Cristo" (1Tessalonicenses 5.23).

Nesse texto o apóstolo orava pedindo a Deus que trouxesse a plenitude da saúde física, emocional e espiritual para a vida daqueles cristãos.

Você é corpo, alma e espírito

É importante perceber que, segundo o texto bíblico, temos uma natureza biológica, uma natureza emocional e, por fim, uma natureza espiritual. Além disso, o texto mostra que a nossa oração a Deus deve ser dirigida para que as três áreas que compõem o ser humano sejam "conservadas" íntegras e irrepreensíveis. Negligenciar alguma delas trará grande prejuízo ao cristão, bem como a qualquer pessoa.

Não é nosso objetivo neste livro discorrer as questões teológicas complexas sobre a natureza do homem, mas, didaticamente, ao falarmos sobre as causas da depressão, faremos distinção entre as causas físicas (biológicas), emocionais e espirituais da depressão. Isso não significa dizer que tais causas devam ser compreendidas isoladamente ou de maneira desconexa. A depressão é uma doença multifatorial em que os fatores causais se relacionam íntima e simultaneamente como gênese da doença. Sendo assim, abordaremos o nosso tema considerando o homem como um ser constituído de três partes: corpo, alma e espírito.

O corpo biológico está associado a tudo o que envolve o cérebro, a sua importância e o controle que exerce sobre nossos sentimentos e emoções na perspectiva biológica. O conceito de alma será aplicado ao falarmos de nossas emoções e sentimentos, da mente, da vontade e da personalidade, bem como os registros nela armazenados ao longo da vida. Por sua vez, sobre a natureza espiritual, convém dizer que ela envolve a natureza do homem no que se relaciona diretamente a Deus, ao Espírito Santo e aos demais agentes do mundo espiritual.

Essa divisão tem caráter apenas didático. Sendo o homem um ser integral (biopsicossocioespiritual), qualquer divisão ou predileção no trato de suas questões pode tirar a beleza e a riqueza de sua constituição no momento da criação de Deus. Ao nos relacionarmos com Deus, utilizamos nosso corpo ou ser espiritual (imaterial), mas também a nossa parte material (corpo e expressão emocional). Além disso, a parte material (biológica) do ser humano interage constantemente com a parte imaterial e vice-versa, em perfeita unidade e influência mútua.

Cuide igualmente do corpo, da alma e do espírito

A proposta de divisão que estamos indicando é importante para que alguns cristãos compreendam as especificidades e sutilezas desse ser complexo que é o ser humano, sobretudo para aquelas pessoas que descuidam dos cuidados físicos e emocionais no dia a dia. Esse descuido faz que alguns cristãos, mesmo após se submeterem a inúmeras sessões de "libertação espiritual e cura interior" em sua comunidade, continuem emocionalmente enfermos, por não terem com o corpo e a alma o mesmo zelo e cuidado que têm com sua vida espiritual.

Muitos cristãos têm se esquecido de que a natureza física (biológica) apresenta disfunções fisiológicas por causa do pecado, conforme lemos no livro de Gênesis. Esse pecado, cometido por Adão e Eva, trouxe como consequência não somente a morte espiritual, mas também alterações no funcionamento biológico do corpo, o que nos predispõe a inúmeras doenças. Antes da Queda, o homem não estava sujeito a nenhuma doença ou enfermidade, mas, após ela, ocorreram alterações em todos os sistemas fisiológicos do organismo humano. Dessa forma, ainda dentro do útero o bebê está sujeito a adoecer.

Certa ocasião, em meu consultório, um paciente insistiu que como cristão ele não poderia ter um corpo com enfermidades, uma vez que tinha nascido de novo ao arrepender-se pela fé em Cristo. Aquele paciente era adepto de uma teologia que diz que as doenças são sinônimo de pecado. Logo, ele se mantinha em oração todos os dias, confessando pecados para que pudesse ter a cura de seus problemas emocionais. O pecado pode ter relação com a depressão, e falaremos sobre isso, mas essa associação de pecado e depressão não deve ser aplicada a todos os casos.

Nós só receberemos o novo corpo incorruptível e livre de enfermidades após a morte ou no arrebatamento, quando iremos à comunhão eterna com Deus (1Coríntios 15.50-55). Em nossa moradia celestial, quando estivermos em um novo corpo, não teremos nenhuma enfermidade, porque a nossa natureza será outra. Contudo, enquanto vivemos na terra, podemos apresentar doenças do coração (hipertensão, infarto), do fígado (hepatite), do pulmão (asma), imunológicas (alergias) ou de qualquer órgão ou sistema do corpo biológico ou doenças de fundo emocional.[1]

---

[1] As doenças citadas são apenas exemplo retirado de um escopo grandioso [N. do E.]

O nosso cérebro não está imune a doenças. Logo, também pode adoecer. Predisposições genéticas, hábitos de vida, estresse, vírus, bactérias e outros fatores podem fazer o nosso corpo ficar doente.

Se você faz uso de medicação para hipertensão e diabetes, também pode usar antidepressivos

No que diz respeito a doenças, é importante notar que cristãos normalmente não se furtam a tomar medicamentos anti-hipertensivos por toda a vida, bem como a usar óculos ou tomar analgésicos para dores no dia a dia, por exemplo. Todavia, inúmeras vezes há recusa de fazer uso de remédios que possibilitem a melhora de quadros de doenças emocionais (como depressão, síndrome do pânico, transtorno bipolar etc.).

Há uma predisposição de não aceitar que o cérebro possa adoecer como qualquer outro órgão do corpo e que alterações de substâncias químicas em seu funcionamento (neurotransmissores) podem possibilitar inúmeras doenças emocionais. O contrário também acontece: problemas emocionais podem desorganizar a química do cérebro, resultando em doenças mentais. Infelizmente, para vários cristãos, usar antidepressivo virou sinônimo de falta de fé, e muitos, por falsas promessas e revelações de cura, suspendem o uso de medicamentos e pioram significativamente seu estado emocional.

Infelizmente atitudes assim não são exclusivas de cristãos. Nos ambientes mais secularizados também é comum pessoas pensarem que procurar a ajuda de um psiquiatra ou psicólogo é somente para loucos ou pessoas emocionalmente "perturbadas", um preconceito social que, se somado a uma fé ou entendimento não equilibrado, pode trazer consequências negativas e bastante graves. No mundo, 80% das pessoas com depressão não estão recebendo o tratamento adequado.

Você só nasceu de novo espiritualmente

Precisamos chegar a um melhor entendimento sobre o que é o novo nascimento (conversão e entrega da vida a Cristo), para que possamos discernir entre os fatores relacionados à espiritualidade e a origem da depressão.

É comum a certos cristãos acreditarem que o novo nascimento em Cristo envolve uma restauração total e instantânea, tanto de sua vida material (corpo, processamento emocional) quanto do seu corpo imaterial (a parte espiritual). Entretanto, o novo nascimento em Cristo ocorre imediatamente após a conversão, mas ele diz respeito somente ao âmbito espiritual. Paulo explica isso quando escreve: "Vocês estavam mortos em suas transgressões e pecados" (Efésios 2.1).

Antes de acontecer o novo nascimento, já tínhamos uma natureza espiritual. No entanto, ela estava morta e separada da plenitude do relacionamento com Deus. Segundo o texto bíblico, o homem só está vivo para Deus e passa a se conectar com ele após entregar a sua vida a Cristo e a ter com ele um relacionamento pessoal.

A regeneração espiritual do novo nascimento é dom da graça de Deus; é obra imediata, sobrenatural, do Espírito Santo, realizada em nós. Seu efeito é fazer que passemos da morte espiritual para a vida. A regeneração inclina o nosso coração a Deus e, assim, vivemos. Essa é a nova vida que recebemos no novo nascimento.

No entanto, ao contrário do novo nascimento espiritual, a transformação e a cura das emoções são processos dinâmicos e progressivos, que perduram ao longo de toda a vida daquele que se entregou a Cristo. Se o novo nascimento espiritual é instantâneo, a transformação e a cura da alma são contínuas e duram toda a vida.

O apóstolo Paulo, dirigindo-se à igreja de Cristo em Roma, alertou sobre a necessidade de renovar a mente (Romanos 12).

Paulo sabia que aqueles cristãos já haviam nascido de novo espiritualmente, mas precisavam passar progressivamente por uma mudança de mentalidade que alterasse gradativamente sua personalidade e identidade. A mente do cristão será transformada ao longo de toda a sua caminhada com Deus.

Seria muito bom, mas não é verdadeiro que, ao sermos justificados por Jesus e nascermos de novo, o nosso corpo também é instantaneamente restaurado, as doenças presentes são eliminadas e recebemos uma "vacina espiritual" que nos imuniza de todas as doenças. Alguns cristãos acreditam erroneamente que receberam essa "vacina". Todavia, mesmo andando com Deus, estamos sujeitos a doenças do cérebro, porque não estamos imunes às enfermidades.

Jonas chegou para o atendimento trazendo consigo esse conceito distorcido. Lembro-me de que em sua primeira consulta ele disse enfaticamente: "Depressão é coisa de quem não nasceu de novo. Eu sou cristão, e Deus me fez nova criatura. Logo, não creio que devo fazer um tratamento psiquiátrico". Ele acreditava que, ao entregar sua vida a Cristo, Deus teria curado instantaneamente suas memórias e registros emocionais.

Nosso temperamento, nossos sentimentos ao longo da vida, a maneira pela qual fomos criados, o contexto familiar, traumas vividos na infância, negligências, abusos e outros processos emocionais moldam nossa personalidade com marcas positivas ou negativas. Por isso, não devemos achar que ao nascermos de novo essas marcas e características emocionais negativas serão instantaneamente eliminadas ou mudadas. Essas limitações serão vencidas ao longo da caminhada cristã. A história de José do Egito, bastante conhecida, mostra isso claramente. Depois de ser rejeitado, traído e vendido por seus irmãos, José perdoou todos eles, mesmo não tendo se esquecido dos fatos. Deus não apaga as nossas experiências, mas pode usá-las para nos tratar e levar-nos ao amadurecimento.

Alguns processos emocionais do passado persistem após o novo nascimento, podendo, inclusive, atrapalhar nossa caminhada com Deus. Eles precisam ser identificados e tratados. As origens de muitos quadros depressivos envolvem esses registros emocionais negativos ou distorcidos que não são instantaneamente eliminados com o novo nascimento.

O caso de Marina, uma paciente, pode demonstrar isso claramente. Cristã havia cinco anos, apresentava um quadro depressivo muito associado à ideia de que Deus não a aceitava e amava como às outras pessoas. Por mais que lesse a Bíblia e livros sobre a graça divina, ela não conseguia romper essa barreira. Em sua infância e adolescência, Marina conviveu com um pai muito agressivo, opressor, sem afeto e que a humilhava significativamente. A visão que ela tinha de seu pai a impedia de experimentar o amor de Deus Pai — essa era a associação que sua mente fazia. Somente no momento em que viu a necessidade de resolver esse conflito paterno e obter ajuda para resolver essas memórias traumáticas, conseguiu modificar sua situação.

Temos de compreender que, mesmo sendo cristãos zelosos e que buscam Deus com sinceridade, apresentamos problemas emocionais cujas raízes podem estar perdidas em nosso passado. Há muitos exemplos de pastores, padres e missionários cristãos, com ótimo testemunho de vida, cuja história mostra claramente isso. Em mais de dez anos de prática clínica, atendi diversos líderes cristãos usados por Deus, mas com problemas e transtornos mentais que podiam e foram tratados pela medicina moderna.

A necessidade de tratar o corpo e a alma não reduz a importância de cuidarmos da nossa vida espiritual. A Bíblia diz claramente que, se não estivermos espiritualmente saudáveis, seremos cristãos incompletos e doentes. Certamente o Senhor não quer isso para nós.

Compreender o que é de natureza física, emocional ou espiritual em um transtorno mental tão complexo como a depressão é uma tarefa difícil, mas necessária a todo cristão, sobretudo àqueles que exercem cargos de liderança e aconselhamento em sua comunidade.

4

Depressão tem causas emocionais

Transformem-se pela renovação da sua mente.

(Romanos 12.2)

Ana Laura chegou ao consultório lutando contra a depressão havia seis anos. Lutava contra os sintomas clássicos da doença (tristeza, perda de energia etc.), mas tinha medo de ser abandonada como poucas vezes vi em um paciente. Lembro-me muito claramente de uma de suas frases, como se tivesse dito hoje: "A impressão que tenho é que meu namorado qualquer dia irá desaparecer e não o verei nunca mais, como foi com meu pai". Essa associação não era feita apenas por seu inconsciente. Seu pai havia abandonado a família pouco tempo após ela completar 6 anos de idade. Ele desapareceu sem deixar sinais por vários anos.

Suas memórias ficam registradas no seu cérebro para sempre, mesmo que não se lembre delas

O caso de Ana Laura mostra como os registros emocionais ficam intensamente em nossa mente, principalmente os registros traumáticos. Muitos deles, se não forem resolvidos, se tornam gatilhos e fermentos internos para a manutenção de estados depressivos que serão difíceis de tratar. A depressão, em muitos casos, tem como fatores principais eventos psicológicos vivenciados ao longo da vida e que não foram tratados.

Quando pensamos em causas psicossociais da depressão, temos uma tendência de separá-las dos fatores biológicos ou da espiritualidade, ou confiná-las ao segundo plano. Isso faz que não tenhamos a percepção correta e integrada das influências psicológicas e sociais na origem dos quadros depressivos.

Assim, em primeiro lugar, é preciso compreender que a relação entre o cérebro e os fatores emocionais é bidirecional. Isso significa que os processos biológicos de adoecimento cerebral (hormonais e neurotransmissores) irão produzir alterações em nossa expressão emocional e em nossa personalidade (sobretudo se persistirem por longo tempo sem tratamento). Dessa forma, processos químicos no cérebro afetam nossa mente, a percepção da realidade, o interesse, o prazer, o afeto e grande parte dos conceitos que moldam a nossa personalidade.

Isso é muito perceptível no paciente deprimido, em quem constantemente se notam sentimento de pessimismo, perda de prazer e isolamento social, mesmo que em seu dia a dia não haja motivos que justifiquem isso. Nesses casos, o tratamento biológico (o uso de antidepressivos) faz que esses sentimentos e atitudes desapareçam.

Por outro lado, assim como não podemos reduzir tudo a explicações espiritualizadas, não podemos reduzir o homem unicamente à sua dimensão biológica. Certas atitudes, estresse, abusos, negligências, problemas sociais e outros fatores irão, após determinado tempo, comprometer significativamente o cérebro a ponto de afetar o funcionamento dos neurônios e dos neurotransmissores. Provérbios 17.22 nos diz isso: "O coração bem-disposto é remédio eficiente, mas o espírito oprimido resseca os ossos".

Uma vida com maior estabilidade emocional e social irá preservar um corpo saudável e imune às doenças psiquiátricas. Por outro lado, uma vida marcada por estresse provocará alterações hormonais e imunológicas no corpo, as quais poderão aumentar o risco do surgimento de transtornos diversos, como a depressão.

Você reagirá ao estresse de maneira diferente, conforme sua história de vida

Mas até que ponto eventos adversos isoladamente podem precipitar casos de depressão?

A psicologia moderna explica que nem todas as pessoas reagem a eventos adversos ou estressores da mesma maneira. Ainda que um grupo passe por traumas semelhantes, apenas uma parte dos indivíduos poderá desencadear sintomas depressivos, enquanto a outra parte não. Isso ocorre porque as pessoas, individualmente, apresentam vulnerabilidade e resiliência (resistência emocional ao estresse) diferentes.

A vulnerabilidade depende, em parte, de fatores genéticos. Há pessoas com maior predisposição psicológica à depressão em decorrência de terem nascido com alterações nos neurotransmissores cerebrais. Por exemplo, há pessoas que podem trabalhar em um mesmo local de uma empresa, estarem sujeitas às mesmas pressões, mas o grupo predisposto do ponto de vista químico cerebral (menor funcionamento dos neurotransmissores) terá maior chance de desenvolver um quadro de ansiedade ou depressão.

A vulnerabilidade psicológica à depressão também dependerá de uma série de aprendizagens que o indivíduo desenvolve ao longo da vida. Desde os primeiros anos de vida, desenvolvemos conceitos e percepções sobre nós mesmos, sobre os outros e sobre o mundo. Em muitas pessoas, esse aprendizado é saudável e condizente com a realidade. Em outras, o aprendizado de determinados conceitos não é adequadamente desenvolvido ou o é de maneira disfuncional, gerando maior vulnerabilidade à depressão. As fontes desse aprendizado são, sobretudo, a família, mas também provêm do seu meio social, do relacionamento com amigos, parentes, da escola e de um correto relacionamento com Deus.

Esse aprendizado inicial que se estende ao longo dos anos fará que tenhamos atitudes, emoções saudáveis e equilibradas diante da vida. Normalmente, se aprendemos desde pequenos a reagir emocionalmente de maneira saudável em determinadas situações, iremos reproduzir essas emoções saudáveis quando nos tornamos adultos.

Os conceitos mentais, uma vez estabelecidos, determinarão e influenciarão julgamentos posteriores. Por exemplo, uma criança que convive com um pai opressor terá maior dificuldade de compreender a Deus como Pai amoroso ou terá dificuldade de se relacionar com figuras masculinas. Ser tachado de fracassado ou incompetente desde a infância pode ocasionar sequelas como sentimentos de fragilidade, baixa autoestima ou mesmo de inutilidade ao longo da vida.

Jéssica era uma paciente que exemplificava essas ocorrências. Ela tinha enormes dificuldades de perceber Deus como Pai, em virtude do convívio com um pai ausente e opressor durante toda a sua vida. Quando a figura de Deus era associada à de um pai, como o Novo Testamento faz, ela se via diante de um conceito negativo em sua perspectiva e bagagem cultural e familiar.

Um juízo de valor negativo, comum nos pacientes deprimidos, pode reforçar uma autoimagem negativa, fazendo que esse indivíduo tenha maior predisposição psicológica à depressão. É um ciclo destrutivo em que a autoimagem negativa facilita a interpretação negativa de tudo o que se irá experimentar posteriormente. Se essa autoimagem distorcida não for tratada, o paciente apresentará sempre maior dificuldade no relacionamento interpessoal e social.

Você é o equilíbrio dos registros positivos e negativos instalados em sua mente

Nossa mente é um balanço desses registros positivos e negativos que foram instalados no decorrer da nossa caminhada terrena. O cristão, espiritualmente nascido de novo, passa a ter um embate mental entre os registros positivos que o Espírito Santo vem implantar em sua mente e os registros negativos impostos pelas pessoas e pela cultura ao longo de sua vida pregressa.

Um dos trabalhos do Espírito Santo é mostrar a realidade de que em Cristo não precisamos apresentar sentimentos de culpa ou condenação. Contudo, os registros negativos do passado fazem que muitos cristãos se sintam presos às antigas emoções enfermas.

Espiritualmente, essas pessoas sabem que experimentaram o perdão de Deus, mas emocionalmente não conseguem viver esse perdão. A mente está tão dominada por sentimentos negativos e disfuncionais que a verdade de Deus não é plenamente compreendida. A restauração dependerá de confissão, aconselhamento, leitura e meditação na Palavra de Deus, e, em muitos casos, somente uma ação direta de Deus quebrará essas fortalezas na mente.

Os registros psicológicos explicam por que muitos cristãos são verdadeiramente fiéis a Deus e continuam tropeçando ou lutando contra os mesmos pecados. Isso ocorre porque experiências vividas no passado tenderão a ser reproduzidas no presente.

Por exemplo: um cristão que antes da conversão era viciado em sexo terá mais problemas nessa área que alguém que nunca teve uma vida sexual ativa. Esse era o caso do pastor Robson, paciente que atendi meses atrás. Iniciou sua vida sexual muito precocemente, aos 10 anos de idade, frequentando prostíbulos e conhecendo várias garotas de programa ao longo de sua adolescência. Essa exposição sexual precoce e disfuncional criou um registro em sua mente que, anos após a conversão, ainda o fazia ter recaídas intermitentes com prostitutas. Ao resgatar e compreender como sua história de vida afetou sua identidade emocional, descobriu que sua compulsão sexual não era algo "apenas" espiritual. Foi o início de seu processo de cura. Por meio de tratamento médico, psicológico e pastoral, hoje está totalmente curado.

Sua mente precisa ser renovada

Enquanto o novo nascimento espiritual é instantâneo, a transformação da personalidade do cristão é um processo longo e progressivo. Paulo fala sobre isso em 2Coríntios: "E todos nós, que com a face descoberta contemplamos a glória do Senhor, segundo a sua imagem estamos sendo transformados com glória cada vez maior, a qual vem do Senhor, que é o Espírito" (3.18).

Para alguns cristãos, a batalha contra a depressão será maior do que para outros, dado o nível de disfunções emocionais, traumas, abusos ou negligências experimentados ao longo da sua vida, tanto antes quanto após a conversão à fé cristã. É um erro acharmos que todas as nossas emoções são instantaneamente curadas quando recebemos Cristo, como dissemos. A caminhada cristã é uma maratona na qual somos constantemente aperfeiçoados por Deus. Só ele possui todo o poder para nos transformar.

Logo, a vulnerabilidade específica à depressão depende de um conjunto de conceitos negativos — sobre si mesmo e sobre o mundo — que poderá estar escondido em nossa mente, sempre pronto a ser detonado e expressado. Quando esses conceitos negativos são ativados, eles controlam o pensamento e a percepção do sujeito, facilitando o surgimento da sintomatologia depressiva. O paciente tende a enxergar as coisas sem cor, sem vida e vendo tudo por um olhar cinza.

Atitudes ou fortalezas na mente por vezes são facilmente identificadas pela expressão de alguns pensamentos: "Sou fraco", "Sou burro", "Ninguém gosta de mim", "Não vou conseguir terminar", "Está além de minhas possibilidades", "Sou feio", "Ninguém é interessante neste lugar", bem como uma infindável lista de outros conceitos equivocados a respeito de si mesmo ou do próximo, que podem ter se estabelecido na mente.

A depressão faz que você seja pessimista quanto ao futuro

A certas pessoas é comum a tendência de apresentarem expectativas pessimistas quanto ao futuro. Diante de problemas e adversidades, o indivíduo é tomado por um sentimento de impotência e desesperança, porque só consegue experimentar pensamentos contaminados por esse viés pessimista. Esses sentimentos serão catalizadores de quadros depressivos.

A concepção negativa quanto ao futuro afeta de maneira significativa a caminhada cristã, como planos, projetos e o pleno desenvolvimento da vida social. No caso dos cristãos, por mais que recebam inúmeras promessas de Deus, essas são esquecidas ou ocultadas por conceitos presentes em sua mente que os levam à desconfiança e ao pessimismo com maior frequência.

Moisés, antes de entrar na terra que Deus havia prometido aos hebreus, enviou 12 espiões para ver antecipadamente como era o local e o povo que a habitava. Todos foram confrontados com o mesmo cenário da existência de algumas barreiras a serem superadas. Apenas Josué e Calebe foram otimistas com a promessa de Deus de que eles possuiriam aquela terra. Os outros dez espiões se mostraram pessimistas e derrotados antes mesmo de tentar conquistar a região. Essa visão do futuro faz que a confiança nas promessas e nos planos de Deus não seja experimentada pelo cristão, tornando-o depressivo, inseguro e ansioso.

Todos esses traços negativos de personalidade podem permanecer silenciosos, latentes, até que um estresse específico (um gatilho) precipite um quadro depressivo. É importante repetir que cada pessoa apresenta um nível diferente de resistência ao estresse. É comum pessoas com depressão escutarem que não deveriam ter aqueles sentimentos porque seus problemas são pequenos se comparados aos de outras pessoas. No entanto, cada indivíduo terá uma resposta individual e específica a determinadas situações. Um estresse pode ser grande peso para alguns e pequeno para outros, dependendo de experiências prévias vivenciadas individualmente.

Dessa forma, não há qualquer benefício em dizer a um deprimido que ele não deve ter alguns sentimentos, como se isso fosse simples de controlar. Essa atitude, inclusive, pode piorar o quadro clínico de uma pessoa já fragilizada pela culpa, quando ela não conseguir controlar suas emoções, o que certamente será o caso.

O estresse também se aproveitará das predisposições na estrutura emocional de cada indivíduo em particular, não somente dos fatores genéticos. Uma pessoa com autoestima baixa, por exemplo, diante de uma negativa de relacionamento amoroso, tenderá a reagir de maneira mais depressiva que alguém com boa autoestima. Este, diferentemente do outro, poderá tentar novamente até conseguir o seu objetivo. O estresse, nesse caso, "tomar um fora de uma moça", contribui para diminuir a autoestima do paciente.

Do ponto de vista da espiritualidade, creio que a nossa fragilidade a algumas tentações são dependentes dessas vulnerabilidades. Para alguns indivíduos, certas tentações são facilmente superadas, enquanto, para outros, serão motivo de grande desgaste físico, emocional e espiritual.

O estresse emocional pode ser a origem de um quadro depressivo

A incapacidade de lidar com frustrações também é um fator que possibilita a depressão em caso de estresses específicos. Em nossa cultura, as crianças não têm sido ensinadas a lidar com perdas, respostas negativas ou insucessos. Com isso, ao chegarem à idade adulta, enfrentarão dificuldade diante de qualquer processo que envolva frustrações que seja marcado por intenso sofrimento e hiperdimensionada resposta emocional. Infelizmente, em alguns meios evangélicos cultiva-se e reforça-se essa ideia distorcida de que o cristão verdadeiro não passa por lutas ou sofrimentos. Ironicamente, se um indivíduo nasceu biologicamente e conseguiu escapar da educação que o priva das negativas da vida, pode ter de lidar com isso ao nascer espiritualmente depois de adulto.

Em alguns casos, o estresse específico pode ser o diagnóstico ou suspeita de uma doença física. Há pessoas com traços de personalidade que apresentam dificuldade em conviver com ideias referentes a limitações físicas ou à morte. É um sentimento tão comum que, quando doentes, muitos cristãos (mesmo cientes de que em caso de morte Deus lhes reserva um destino eterno ao lado dele) são tomados por pavor, medo, apreensão e a própria depressão. Esses casos se manifestam mais intensamente em pessoas que tentam assumir o controle total de todas as variáveis sobre a sua vida. Ao depararem com uma doença física, podem estar, pela primeira vez, diante de algo sobre cujo resultado elas não têm controle algum, e então o sintoma indesejado se manifesta.

Também é importante compreender que o estresse específico nem sempre será uma situação traumática ou aguda. Muitas vezes, esses processos são insidiosos, cumulativos e de longa duração. Certa vez, uma paciente disse que não compreendia o porquê de sua pressão arterial elevada causar sintomas depressivos. Ela não percebia que esse era apenas um estresse adicional diante de várias situações difíceis enfrentadas nos anos anteriores. Ela havia perdido o pai e atravessado um período de desemprego.

Por vezes, nem mesmo nós ficamos cientes de estarmos passando por momentos de estresse e sobrecarga emocional. Muitas pessoas estão tão acostumadas a viver no limite físico e emocional que só percebem a sobrecarga quando adoecem. Sendo assim, mesmo que não percebamos, a depressão pode ser fruto de uma série de eventos traumáticos ou de sobrecarga acumulada ao longo da vida.

Há quem foi tão sobrecarregado ou hiperestimulado por períodos tão longos que o cérebro já não consegue dar o suporte químico (pelos neurotransmissores) e hormonal necessário a uma boa saúde emocional, em decorrência do longo período de tempo. Alguns quadros depressivos se originam de processos de sobrecarga emocional de cinco ou até dez anos de duração. Sem sombra de dúvida, colhemos hoje aquilo que plantamos ou que recebemos emocionalmente no passado.

Com a depressão instalada, o indivíduo é tomado por uma temática depressiva em vários pontos de sua vida. Isso gera um círculo vicioso em que os pensamentos se tornam progressivamente saturados de ideias e conceitos depressivos, alimentando ainda mais a depressão. Nessa fase, qualquer estímulo ou sobrecarga externos serão disparadores para pensamentos e sentimentos depressivos, mesmo que não haja lógica alguma entre o fato e a interpretação dada pelo indivíduo. É uma fase difícil em que a estrutura da personalidade tem sua identidade amplamente tomada pelos efeitos da depressão. O deprimido chega a conclusões negativas sobre si, sobre o outro, sobre sua vida social e profissional, mesmo com dados variados que não apontem na direção pessimista que ele tem.

Conforme dissemos, os processos emocionais que estavam inativos podem ressurgir durante o agravamento da depressão. É comum aos cristãos, durante episódios agudos de transtornos depressivos ou ansiosos, tornarem a sofrer com tentações ou pecados que já haviam sido superados. Memórias e desejos inconscientes que já estavam amortecidos podem voltar a ocupar de maneira consciente a mente do doente.

Esquemas mentais são como fortalezas instaladas em seu cérebro

Essas memórias e pensamentos depressivos assumem tanta expressão na mente do deprimido que chegam a gerar verdadeiros esquemas emocionais que, por sua vez, provocam ou ampliam os sintomas depressivos. Um esquema emocional ou cognitivo é um conceito, uma ideia ou uma formulação emocional profundamente enraizada na mente da pessoa. É algo que determina a maneira pela qual ela interpretará ou reagirá a determinadas situações.

Talvez o termo bíblico mais próximo a isso seja o conceito das fortalezas na mente, como Paulo escreveu (2Coríntios 10.5). Um esquema é persistente, não uma resposta transitória a algumas situações. Logo, é algo que determina o nosso comportamento com muita força.

A forma com que avaliamos, julgamos e interpretamos a realidade depende desses esquemas emocionais construídos ao longo da vida. E eles também podem ser definidos como lentes que usamos para enxergar a realidade. Quando essas lentes são distorcidas, o fato de as usarmos por muito tempo faz que não consigamos mais enxergar a realidade como ela realmente é. A psicoterapia tenta identificar quais são os esquemas emocionais que o paciente apresenta em sua mente, para que eles sejam reformulados ou abolidos. Assim, o paciente terá uma interpretação correta sobre si mesmo e sobre a realidade.

Da perspectiva bíblica, Paulo aconselha que essas fortalezas, que eram como ele chamou os conceitos da psicologia moderna, sejam destruídas pelo confronto com a Palavra de Deus. Em outras palavras, a Escritura pode prover a visualização precisa e adequada da realidade quando olhamos a vida pelas lentes da Palavra de Deus: "Destruímos argumentos e toda pretensão que se levanta contra o conhecimento de Deus, e levamos cativo todo pensamento, para torná-lo obediente a Cristo" (2Coríntios 10.5).

Antes de Paulo, Provérbios 23.7 (*Almeida Revista e Atualizada*) já dizia que assim como o homem "imagina em sua alma, assim ele é". O cristão com depressão apresenta vários desses esquemas, como distorcer a realidade para pior ou sentir culpa excessiva ou vontade seletiva. Em relação à última, a pessoa pode ser capaz de fazer atividades complexas e não conseguir realizar tarefas simples, fazendo que a família pense que está com preguiça ou má vontade diante de certas atividades. O indivíduo é capaz de visitar um amigo, mas seu esquema emocional o impede de exercer atividade laborativa. Isso não quer dizer que a pessoa não esteja deprimida, mas faz parte de algumas atitudes seletivas apresentadas por pacientes deprimidos.

Uma das maiores belezas e riquezas do cristianismo é que o cristão pode, por meio da Palavra de Deus e da oração, destruir pelo confronto esses esquemas e ser curado.

Pelo exposto, vemos que a renovação da mente do cristão não é um processo estático, em vez de dinâmico, mas está sujeito a altos e baixos ao longo da caminhada cristã.

5

Depressão tem causas biológicas

> Acaso não sabem que o corpo de vocês
> é santuário do Espírito Santo que habita
> em vocês, que lhes foi dado por Deus,
> e que vocês não são de vocês mesmos?
> (1Coríntios 6.19)

Os fatores que envolvem o corpo, biológicos, estão presentes em todos os quadros de depressão. É impressionante como a espiritualidade cristã negligenciou os cuidados com o corpo ao longo da história da Igreja, mesmo o texto bíblico fazendo recomendações nesse sentido.

Leila me procurou após ter um tratamento para depressão à base de medicamentos ser frustrado. Era uma cristã fervorosa, com história de vida dedicada ao serviço cristão em sua comunidade. No segundo atendimento, perguntei há quantos anos ela não realizava uma revisão laboratorial ou ao menos uma visita ao ginecologista. Sua resposta me assustou: nunca tinha ido ao médico fazer um *checkup* ou consulta de rotina.

Durante o atendimento, ela disse que vinha tendo um sangramento excessivo durante a menstruação. Diante disso, pedi que fizesse um hemograma para verificar se havia sinais de uma simples anemia. Ela retornou uma semana depois ao consultório com um semblante preocupado, uma vez que seu exame evidenciava uma anemia grave. Leila é um exemplo de como nós, cristãos, não damos aos cuidados com o nosso corpo a mesma atenção que proporcionamos à nossa vida espiritual ou emocional.

Mesmo uma depressão que deriva, inicialmente, de causas emocionais ou espirituais acabará fazendo que o sistema biológico do cérebro seja afetado. Como exposto, corpo, alma e espírito se influenciam mutuamente, de modo que qualquer tensão em uma dessas partes acabará prejudicando o equilíbrio integral do indivíduo. Tenho plena convicção de que pessoas apresentam alterações em seu funcionamento cerebral após períodos de desgaste espiritual prolongado.

A esta altura, preciso chamar a atenção para quadros que chamarei de quadros mistos. Há pessoas que apresentam doenças psiquiátricas de origem biológica sobrepostas a uma espiritualidade disfuncional, opressiva ou carregada de culpa. Cremos, inclusive, que pessoas portadoras de transtornos psiquiátricos graves estão mais sujeitas a ataques dirigidos à sua vida espiritual. Contudo, é preciso reafirmar que a maioria dos quadros depressivos com que lidamos no dia a dia tem como causa fundamental e primária as alterações biológicas presentes no funcionamento cerebral.

Sendo as causas da depressão multifatoriais, há a participação de componentes genéticos, psicológicos, ambientais, espirituais e neuroquímicos. Por isso devemos compreender que nem sempre será possível identificar qual fator é o preponderante em cada indivíduo, uma vez que cada pessoa pode ser mais susceptível a uma situação e mais resistente a outra. Em alguns, os gatilhos para as alterações físicas cerebrais ocorrem após períodos de estresse psicológico. Em outros, a depressão surge mesmo quando se vive momentos de paz e tranquilidade.

Não confunda maldição familiar com genética

O primeiro fator que devemos considerar quando falamos das causas da depressão é o genético. Vimos que o pecado fez que a natureza biológica do homem sofresse alterações que possibilitaram o surgimento das doenças com as quais lidamos no nosso cotidiano. Uma das consequências disso foram as alterações presentes no nosso código genético (DNA), que viabilizam a herança ou predisposição a doenças de nossos antepassados.

Há famílias em que os casos de depressão são prevalentes e o componente genético é o grande determinante do surgimento da doença. Boa parte dos quadros depressivos apresentam contribuição genética direta ou indiretamente. A genética faz que alguns indivíduos apresentem predisposição a alterações no funcionamento dos neurotransmissores cerebrais, facilitando o desencadeamento da enfermidade.

A esse respeito cabe uma observação: a genética é um processo biológico que não tem correlação com aspectos espirituais da pessoa. Há genética propensa a hipertensão, diabetes, cor dos olhos, obesidade e para as doenças do cérebro, não sendo essas doenças resultantes de qualquer quadro no campo espiritual. O componente genético hereditário da depressão é maior que o de doenças como diabetes.

Pessoas cujos parentes de primeiro grau têm depressão possuem um risco, em média, três a quatro vezes maior de desenvolver a doença. As chances estão entre 25% e 30%, enquanto em famílias sem história de depressão a percentagem está em torno de 5%.

Conhecer a relevância do componente genético na depressão é fundamental para que os pais fiquem atentos a sintomas depressivos nos anos iniciais da vida de seus filhos, sobretudo na adolescência.

A genética e os fatores ambientais atuarão em conjunto para o desenvolvimento dos quadros depressivos em nosso cérebro, mas há pessoas com predisposição genética para a depressão que nunca desenvolverão a doença. Por outro lado, há pessoas sem essa predisposição que, devido a fatores estressores, apresentarão episódios depressivos ao longo da vida.

Depressão ocorre por baixa de neurotransmissores no cérebro

Pessoas que nascem com níveis de neurotransmissores mais baixos que o normal, podem ter regiões do cérebro (como o sistema límbico) com suas funções comprometidas, o que deverá levar à depressão. Por isso, uma boa compreensão dos aspectos bioquímicos no cérebro é importante.

Estudos recentes têm apontado para o fato de possuirmos em torno de 86 bilhões de neurônios. O cérebro é uma máquina tão perfeita e complexa que a ciência ainda conhece muito pouco sobre ele quando comparado aos outros órgãos do corpo humano.

Esses bilhões de neurônios formam microscopicamente o nosso cérebro. Todas as informações que envolvem sentidos, memória, atenção, concentração, sentimentos, inteligência cognitiva, sono e apetite, além de outros processos, passam por "redes de fios elétricos" formados por neurônios conectados.

As células nervosas (neurônios) se comunicam, mas não de maneira direta e ininterrupta. Há espaços entre elas, que chamamos de sinapses. É necessário um comunicador responsável por levar a informação de um neurônio a outro, visando transpor esses espaços. Em geral, esse comunicador (as sinapses) funciona como se fossem "pontes". Os compostos químicos responsáveis por essa comunicação são chamados de neurotransmissores. Existem centenas deles, mas, quando falamos de depressão, os mais estudados e conhecidos são a serotonina, a noradrenalina e a dopamina. Talvez você já tenha ouvido falar deles.

Alterações no funcionamento e quantidade desses neurotransmissores estão intrinsecamente ligados à depressão. Pessoas com a doença apresentam, de maneira simplista, uma diminuição da concentração de neurotransmissores nas sinapses ou alterações em seu funcionamento, o que dificulta a comunicação apropriada entre um neurônio e outro. Isso contribui diretamente para que áreas do cérebro não funcionem de maneira adequada, produzindo os sintomas da depressão, tais como humor deprimido, perda de energia e prazer e alterações de sono e apetite.

Nesses casos, os medicamentos antidepressivos irão atuar, de maneira geral, aumentando a disponibilidade e a ação desses neurotransmissores no cérebro, fazendo que ocorra a diminuição dos sintomas negativos. Por outro lado, medicamentos que reduzem a ação desses neurotransmissores podem produzir sintomas depressivos, como corticoides e alguns medicamentos para pressão arterial.

De modo simplificado, podemos dizer que em nosso cérebro os neurotransmissores interagem entre si e suas diferentes regiões estão conectadas, possibilitando apresentar ou não saúde emocional.

Repetindo advertências anteriores, também não podemos limitar os sentimentos humanos unicamente a processos biológicos. Infelizmente, a neurociência moderna, apesar dos inúmeros benefícios à humanidade, tem tentado reduzir os sentimentos e comportamentos humanos unicamente a processos bioquímicos cerebrais, o que não é suficiente para explicar todos os seus comportamentos. Nós, cristãos, sabemos que o que nos define como pessoas é o conjunto de nossa natureza biológica, emocional e, sobretudo, espiritual. Apostar em um tratamento para depressão que se resume ao uso de antidepressivos é uma estratégia sujeita a várias limitações.

Isso, de maneira alguma, reduz a importância dos medicamentos que, ao aumentar os níveis dos neurotransmissores cerebrais envolvidos na depressão, possibilitam remissão completa dos sintomas na maioria dos pacientes. O cristão não deve pensar que o uso de antidepressivos seja indicação de fraqueza, falta de fé, falta de comunhão com Deus ou pecado. O remédio serve para restaurar funções químicas no cérebro que são imprescindíveis à sua recuperação.

Fatores hormonais também causam depressão

Outras causas comumente associadas à depressão são os fatores hormonais, especialmente nas mulheres. A queda do estrogênio, principal hormônio sexual feminino, que ocorre durante os períodos reprodutivos, no pós-parto e na menopausa, causa tristeza, irritabilidade, hipersensibilidade e alterações de humor, podendo ocasionar sintomas depressivos em mulheres predispostas. Isso ocorre porque o estrogênio é importante para a ação da serotonina no cérebro, e alterações de sua concentração acabam por desencadear ou facilitar o surgimento da doença. Esses fatores hormonais são os principais responsáveis pelo fato de a depressão ser mais comum em mulheres do que nos homens.

Nos homens, baixas hormonais, sobretudo de testosterona, também estão associadas à depressão. Sintomas como fraqueza, perda de energia e baixa da libido podem estar associados aos dois quadros. Algumas doenças clínicas, como alterações hormonais na tireoide, anemia e alguns quadros neurológicos, podem produzir sintomas muito parecidos com depressão. É importante que o médico investigue causas secundárias para o surgimento de algum episódio depressivo. O abuso de álcool, drogas e certos medicamentos também podem desencadear quadros de depressão.

Nos últimos anos, tem sido muito pesquisada a importância de mecanismos imunológicos como causas de sintomas depressivos. Alterações em nosso sistema imunológico podem produzir comprometimento no funcionamento dos neurônios e neurotransmissores, e isso explica o fato de o estresse aumentar o risco de quadros depressivos (o estresse altera nosso sistema imunológico de maneira significativa).

A relação entre inflamação e depressão trará um novo entendimento sobre a doença e mostrará nos próximos anos novas estratégias, sobretudo não farmacológicas, para prevenir a doença.

O cristão deve ver e reconhecer a importância de cuidar do corpo e de compreender que sua natureza biológica é determinante não apenas para o surgimento de doenças comuns (como hipertensão e diabetes), mas também para a origem de processos depressivos e ansiosos.

6

Somos espiritualmente influenciados

> Pois a nossa luta não é contra seres humanos, mas contra os poderes e autoridades, contra os dominadores deste mundo de trevas, contra as forças espirituais do mal nas regiões celestiais.
>
> (Efésios 6.12)

Tive o privilégio de conhecer Cristo aos 17 anos de idade e de me converter ao cristianismo em um meio pentecostal. Creio que Deus, em sua soberania, me concedeu esse privilégio porque eu era um homem cético, racional e descrente da existência do mundo espiritual. Nesses primeiros anos de caminhada cristã, presenciei milagres, curas e inúmeros casos de libertação espiritual.

Posteriormente, durante os tempos da faculdade, conheci a teologia reformada. Com os cristãos chamados "históricos", "tradicionais", compreendi a suficiência das Escrituras Sagradas para os momentos mais difíceis pelos quais passamos na terra.

Em qualquer meio cristão, verificamos às vezes extremos teológicos que prejudicam o paciente com depressão em ter uma percepção equilibrada da doença. Para alguns, o cristão com depressão não apresenta fé, está em pecado, não ora o suficiente e, sobretudo, está oprimido ou atormentado por espíritos malignos. Para outros, conceitos como libertação, quebra de maldições, influências espirituais na vida do cristão são totalmente ignorados pelo discurso teológico.

Antes de falar sobre a relação entre espiritualidade e depressão, devemos lembrar que este não é um livro médico ou científico. Dessa forma, este livro não deve ser visto como um manual médico para o tratamento da depressão, mas como psicoeducação voltada para cristãos que têm preconceito em buscar ajuda para os seus problemas emocionais. Por ser uma abordagem bíblica sobre a depressão e sua conexão com a mente e o cérebro, nem toda posição defendida aqui precisa ser aceita universalmente por todos os cristãos, porque nem todos compreendem essas questões do mesmo modo. O mesmo vale, especialmente, para as doutrinas fundamentais da fé cristã.

Jesus separava os casos biológicos dos espirituais

Quando lemos as Escrituras, verificamos que Jesus fazia algumas diferenciações quando realizava curas e milagres, e isso é significativo. Em Marcos 9, ele curou um jovem que era surdo-mudo e que desmaiava com frequência. Jesus curou a enfermidade expulsando um espírito maligno que atormentava o jovem, e essa foi considerada por Jesus uma enfermidade de origem espiritual. Tendo expulsado o espírito maligno, o jovem recobrou a saúde. Em outra ocasião, Jesus expulsou um demônio de um homem surdo e cego para o curar (Mateus 12). Tendo expulsado o demônio, o surdo ouviu e o cego viu.

Entretanto, em outras ocasiões verificamos Jesus curando a surdez, a mudez, a cegueira e outras enfermidades sem expulsar demônios, dando a indicação de que, naqueles casos, as enfermidades físicas não tinham relação direta com a atuação dos espíritos malignos (v. João 9.1ss). É inconcebível, nesses casos, pensar que Jesus curaria uma doença física permitindo que o doente permanecesse oprimido espiritualmente. Se as forças espirituais do mal não foram expulsas é porque elas não existiam como causadoras dessas doenças.

Dessa forma, vemos nas Escrituras que Jesus diferenciava doenças oriundas de processos biológicos daquelas oriundas de atuações espirituais.

Em Mateus, essa diferenciação é novamente exposta: "Notícias sobre ele se espalharam por toda a Síria, e o povo lhe trouxe todos os que sofriam de vários males e tormentos: endemoninhados, loucos e paralíticos; e ele os curou" (Mateus 4.24).

O texto mostra ter havido grupos diferentes de pessoas que Jesus curava: endemoninhados e os que possuíam doenças biológicas. Logo, atribuir aos processos espirituais a origem de todos os quadros psiquiátricos e doenças que atingem o cérebro não é um conceito teológico que pode ser sustentado pela espiritualidade cristã à luz da Bíblia.

Estou convencido de que não temos todas as respostas sobre a incrível conexão entre o cérebro, a alma e o mundo espiritual, não sendo o objetivo deste livro elucidar todos os questionamentos do leitor. Além disso, alguns pontos teológicos e doutrinários expostos aqui não são aceitos universalmente nos meios evangélico e católico carismático. Apesar de ser um livro que tem consideração pela espiritualidade cristã, não temos a finalidade de dar respostas definitivas sobre os pontos polêmicos a respeito da relação entre o mundo espiritual e os quadros depressivos. Sugiro que, diante da ocorrência de situações assim e havendo dúvida, o leitor ore e peça discernimento a Deus sobre cada caso individual.

Se você nasceu de novo no espírito, é no corpo e na mente que receberá influências espirituais

Continuando, é importante reafirmarmos e compreendermos que, ao entregar sua vida a Cristo, o cristão realmente deve passar por um novo nascimento espiritual. Esse nascimento é instantâneo, imediato e definitivo. Ou vivemos espiritualmente, ou ainda permanecemos mortos em nosso pecado. No mais, emocional e biologicamente continuaremos sujeitos a adoecer e, como acredito, serão nessas áreas que as forças do mal atuarão para o desenvolvimento dos quadros doentios com associação entre a realidade espiritual e a biológica.

Ao longo dos anos de prática clínica, foram várias as ocorrências de pessoas diagnosticadas com depressão e, após passarem por programas chamados de "libertação e cura interior" em sua comunidade, apresentaram melhora substancial sobre suas queixas depressivas e ansiosas. Logo, a origem espiritual de alguns quadros depressivos não pode ser ignorada. Mas penso que na vida do cristão há uma atuação preponderante das forças espirituais do mal em sua mente se aproveitando de momentos de depressão.

Ao contrário da realidade espiritual (que passa por mudança imediata com a conversão), o corpo e a alma são alvos de transformações progressivas vindas da parte de Deus, pela ação do Espírito Santo e de sua Palavra. Dessa forma, pelo fato de a obra restauradora em nós não ser realizada imediata e completamente, como cristãos somos alvos da atuação de forças espirituais do mal que exercem influências sobre a nossa vida biológica e emocional, procurando nos destruir.

Alguns cristãos não acreditam nessa possibilidade, mas encontramos base na Bíblia para afirmar que nós, cristãos, estamos sujeitos a ataques espirituais. Por exemplo, Paulo escreveu: "pois a nossa luta não é contra seres humanos, mas contra os poderes e autoridades, contra os dominadores deste mundo de trevas, contra as forças espirituais do mal nas regiões celestiais" (Efésios 6.12).

A Palavra de Deus deixa claro que o mundo espiritual influencia o mundo físico. A Bíblia também diz para resistirmos ao Diabo a fim de que ele fuja de nós (Tiago 4.4). É inegável que devemos considerar que o mundo espiritual é real e que temos um adversário que sempre nos ronda para roubar, matar e destruir (João 10.10). Isso também ocorre em nossa natureza emocional.

O nosso inimigo espiritual tenta implantar pensamentos em nossa mente

Pedro foi um dos discípulos mais próximos de Jesus, e o diálogo disponível em Mateus 16 entre ele e Jesus traz um conceito esclarecedor para o nosso tema. Jesus falava sobre cumprir o seu chamado ao morrer na cruz pelos perdidos, quando Pedro disse a Jesus que aquilo não aconteceria a ele de maneira alguma. Jesus, o Deus vivo, viu que a mente de Pedro estava sendo manipulada e que o futuro apóstolo era usado para transmitir coisas que Satanás queria dizer. Jesus, então, disse: "Para trás de mim, Satanás! Você é uma pedra de tropeço para mim, e não pensa nas coisas de Deus, mas nas dos homens" (Mateus 16.23).

Jesus não julgou nem recriminou a Pedro, que posteriormente foi bastante usado para a edificação da Igreja, conforme lemos no livro de Atos. Entretanto, esse episódio serve para mostrar que o inimigo pode atuar na mente de uma pessoa para implantar conceitos, pensamentos, desejos, sentimentos e iniciativas distorcidos e maus.

Outro texto bíblico esclarecedor de Paulo diz:

> "As armas com as quais lutamos não são humanas; ao contrário, são poderosas em Deus para destruir fortalezas. Destruímos argumentos e toda pretensão que se levanta contra o conhecimento de Deus, e levamos cativo todo pensamento, para torná-lo obediente a Cristo" (2Coríntios 10.4,5).

Essas fortalezas existem em nossa mente. São pensamentos e sofismas que podem nos impedir de viver e experimentar o pleno conhecimento de Deus.

Uma das linhas de terapia mais utilizadas no mundo hoje é a terapia cognitiva comportamental, que trabalha diretamente com o conceito de que nós apresentamos distorções em nossos pensamentos e memórias, que acabam por alterar e programar nossos comportamentos. Essas distorções são chamadas de erros cognitivos e esquemas mentais. Eu as vejo, em muitas ocasiões, como as fortalezas da mente descritas na Palavra de Deus.

Quando estamos diante de um problema, tomada de decisão ou qualquer outra situação em nosso dia a dia, a primeira coisa que nosso cérebro faz é interpretar essa realidade com base em nossos pensamentos, percepções e memórias. Temos um pensamento sobre os problemas enfrentados, e isso acontece imediatamente nessas ocasiões. Esse pensamento determinará os sentimentos e o comportamento que teremos e como reagiremos a ele.

Parece complicado compreender, mas o nosso cérebro é programado para acreditar em nossos pensamentos, mesmo que eles sejam distorções da realidade, sem sentido ou sem o adequado dimensionamento ao mundo real. E, dessa maneira, verificar e corrigir esses pensamentos pode trazer grandes benefícios à saúde emocional, melhorando comportamentos e sentimentos que apresentamos diariamente.

Creio que pacientes depressivos estão mais vulneráveis a inserções de pensamentos, memória e percepções por parte do mundo espiritual. E aqui cabe uma diferenciação: a história de vida, a família, o meio social e até mesmo fatores biológicos (um conceito amplo difícil de explicar neste livro) podem gerar pensamentos comuns a pacientes depressivos (autoestima baixa, negativismo, pessimismo, perfeccionismo). Por outro lado, muitos dos pensamentos inseridos na mente do deprimido são provenientes de uma espiritualidade doente ou de fatores espirituais externos.

Comparar-nos a um computador, ainda que recorrendo a uma analogia simplista e falha, talvez seja a melhor maneira para uma explicação adequada. O nosso cérebro seria a placa-mãe e todo o *hardware* do computador, enquanto a nossa mente seria o sistema operacional (Windows, por exemplo). Constantemente, instalamos e apagamos arquivos no sistema operacional, e alguns de nós instalam antivírus visando bloquear ou reduzir ao máximo o acesso de visitantes indesejados ou vírus vindos da internet. O paciente depressivo apresenta fragilidades nos mecanismos biológicos e emocionais de defesa: seus "antivírus biológicos e emocionais" estão fragilizados, tornando-o mais sensível e aberto aos ataques espirituais. Todos os que trabalham com libertação e cura interior na prática pastoral reafirmam isso em suas experiências ministeriais.

Por causa dessa fragilidade, o paciente tem a organização de seus pensamentos e o autocontrole emocional comprometidos. Isso faz que ele tenha maior dificuldade em entender se os seus pensamentos provêm de sua própria mente (como consequência da doença) ou se são inseridos por forças externas.

Marta, uma paciente com depressão e ansiedade, contou a mim um testemunho muito edificante a esse respeito. Durante um episódio de depressão, ela estava em casa e, de repente, veio um pensamento em sua mente: "Você tem que se matar, ninguém a ama". Imediatamente ela reconheceu que aquele pensamento não era dela e orou repreendendo os pensamentos em sua mente, declarando a Palavra de Deus. As sugestões de suicídio nunca mais voltaram a seus pensamentos, mesmo após experimentar outros momentos de depressão.

É muito importante o cristão deprimido orar e pedir a Deus que, por meio de sua Palavra e da força da oração, Deus retire tanto os pensamentos distorcidos (erros cognitivos, fortalezas da mente) de origem emocional quanto os de origem espiritual. A Palavra de Deus é a nossa maior aliada nessa identificação, podendo nos dar o discernimento espiritual sobre o que é de natureza física, emocional ou espiritual em nossa mente: "Pois a palavra de Deus é viva e eficaz, e mais afiada que qualquer espada de dois gumes; ela penetra até o ponto de dividir alma e espírito, juntas e medulas, e julga os pensamentos e intenções do coração" (Hebreus 4.12).

Por último, o cristão sempre deve se lembrar de que Cristo tem a supremacia sobre todo reino, principado, potestade ou qualquer força espiritual do mal, e não deve ver as forças espirituais do mal com medo e terror. Deve, sim, olhar para a cruz e ver que nela Cristo tem todo o poder de nos libertar daquilo que possa afligir a nossa alma.

7

Depressão não é ter pouca fé, pecado ou falta de oração

> Três vezes roguei ao Senhor que o tirasse de mim. Mas ele me disse: "Minha graça é suficiente a você, pois o meu poder se aperfeiçoa na fraqueza".
> (2Coríntios 12.8,9)

Em mais de uma década trabalhando como psiquiatra, vejo que há resistência a tratamentos por parte de alguns cristãos, ou o sentimento de culpa por acreditarem que seus episódios depressivos decorrem de pecados ou por não estarem orando o suficiente. Lembro-me de uma paciente que passava horas orando em seu quarto, porque seu líder espiritual dizia que ela estava deprimida por não orar o suficiente. Outra se culpava por não ter fé suficiente para ser curada.

Nos últimos trinta anos, o crescimento do número de cristãos no Brasil foi algo surpreendente. Infelizmente, esse crescimento parece ter acontecido desordenadamente e não veio acompanhado de uma espiritualidade equilibrada, saudável e condizente com o que diz a Palavra de Deus.

Uma espiritualidade doente produz um cristão doente

Se o cristão tem uma convicção de fé contaminada por doutrinas contrárias ao entendimento clássico da Igreja, ele se aproximará de uma vida espiritual desequilibrada e doente, característica do nosso tempo. A novidade teológica que mais cresceu no Brasil nos últimos anos foi a chamada "teologia da prosperidade" e a teologia da "confissão positiva".

Para os defensores da teologia da prosperidade, o cristão bem-sucedido e abençoado por Deus não pode apresentar problemas de ordem física, emocional ou espiritual. Segundo creem, enfermidade e pobreza são sinônimos de pecado, de afastamento de Deus ou falta de fé. Para os proponentes da teologia da prosperidade, fazer uso de medicamentos, consultar um médico ou realizar uma cirurgia não são um sinal de confiança e fé verdadeira em Deus. Entretanto, há textos bíblicos que mostram que a vida de vários homens de Deus foi marcada por sofrimento, privações, necessidades, solidão, angústia e até pensamentos suicidas.

De modo algum devemos pensar que Deus deixou de realizar curas, milagres ou que não possa intervir sobrenaturalmente. No entanto, devemos saber que ele nem sempre intervirá da maneira que gostaríamos. Em alguns casos, ele realizará milagres; em outros, usará profissionais médicos e psicólogos, e haverá casos em que a enfermidade inevitavelmente levará à morte.

Eliseu, um profeta muito usado por Deus, morreu em consequência de uma enfermidade. Ele não era um homem sem fé nem estava mergulhado em pecado, mas a doença o levou à morte, a despeito de ser um homem usado por Deus para a realização de milagres em favor de outras pessoas.

Do mesmo modo aconteceu a Jó, homem fiel e justo, mas, com a permissão de Deus, foi tocado por Satanás e apresentou grave enfermidade. E também Paulo, apóstolo, que foi usado por Deus para a cura de vários doentes. Entretanto, uma provável doença ("espinho na carne", 2Coríntios 12.7) o levou a orar três vezes para que Deus o curasse, e obteve resposta negativa por parte de Deus.

Então, qual a relação entre a teologia da prosperidade e a confissão positiva com os quadros depressivos?

Primeiramente, é preciso compreender que a chamada teologia da prosperidade promete aos cristãos coisas que Deus não promete em sua Palavra. Boa parte dela trata-se de uma leitura enviesada de certos textos usados para formar uma abordagem que em nenhum período da história da Igreja ocorreu ou que foi utilizada por algum dos grandes nomes da história cristã.

Quando atingidos por problemas financeiros, doenças, perdas ou qualquer outro tipo de frustração, muitas pessoas se tornam depressivas por imaginarem que Deus não as ama, que as abandonou ou que não responde mais às suas orações. Cristãos com depressão, ao se depararem com pessoas que acreditam nessa leitura errônea da Bíblia, escutam com frequência frases como:

"Você não tem fé", "Está deprimido, porque não ora o suficiente", "Você deveria ler mais a Bíblia", "Você está com maldição familiar", "Você deve ter um pecado" ou "Você não deu o dízimo e está sendo vítima do devorador", entre outras.

Presenciei inúmeros casos depressivos ocasionados por sentimentos de "frustração com a fé cristã", decorrente desse tipo de ensino discordante da Palavra de Deus e da tradição. Como já foi dito, o cristão que frequenta uma igreja onde se ensina uma fé doente ficará emocional e espiritualmente enfermo.

O mesmo ocorre com os adeptos da confissão positiva. Os cristãos adeptos desse sistema teológico acreditam que, se não "determinarem", "profetizarem" ou "gerarem" seus desejos no mundo espiritual, Deus não fará nada por eles.

Trata-se de uma falsa espiritualidade, que anula a soberania divina e coloca o homem, não Deus, como protagonista da história. Esses cristãos não compreendem que Deus controla todas as coisas ("Muitos são os planos no coração do homem, mas o que prevalece é o propósito do Senhor", Provérbios 19.21) e, normalmente, oram pelo que Deus pode fazer *para* eles, não pelo que pode fazer *por meio* deles. Em geral, essa espiritualidade é carregada de culpa, tensão, cobrança e está distante da graça de Deus.

Cristãos adeptos dessa abordagem se sentem como se fossem executivos e servos de Deus, mas não conseguem se sentir como filhos. Em sua luta frenética e neurótica para se apoderarem dos favores da graça, do poder e das bênçãos espirituais, acabam por apresentar quadros de ansiedade e culpa extrema.

Sempre acham que estão devendo algo para Deus e que nunca alcançarão os pré-requisitos espirituais para serem abençoados. Pessoas assim, após um período variável, apresentam pressão e sobrecarga emocional significativas que poderão levá-los ao esgotamento físico, emocional e espiritual. Isso facilitará o surgimento de transtornos mentais, entre os quais a depressão e a ansiedade.

Inibição de sentimentos gera depressão

Outro grande malefício dessas teologias é a inibição da expressão de sentimentos e frustrações dentro da igreja. Os membros das comunidades que adotam esses sistemas são cobrados a se mostrarem sempre otimistas, alegres e sem problemas financeiros ou de saúde. Isso coíbe o compartilhamento de sentimentos e frustrações dentro das igrejas, consequência do medo de serem julgados como pessoas sem fé ou em pecado.

Infelizmente, em muitas comunidades cristãs, as pessoas acabam ficando com medo de expressar seus fracassos, medos e inseguranças. A exigência de uma vida marcada por períodos intermináveis de vitórias e prosperidade tem anulado a confissão de suas situações reais entre muitos.

A Bíblia, ao contrário, admite os percalços na vida dos discípulos de Jesus e diz que, se confessarmos os nossos pecados uns aos outros, seremos curados (Tiago 5.16), e Paulo aconselha a carregarmos os "fardos pesados", isto é, ajudar os irmãos nas suas dificuldades (Gálatas 6.2). Logo, a ausência de confissão e desabafo é um catalizador de doenças, sobretudo da alma, e que pode ser evitado dentro de uma perspectiva bíblica. Além disso, problemas emocionais inicialmente leves se tornam graves pela ausência de conselhos e intervenções em seus estágios iniciais.

Todas as técnicas modernas de psicoterapia defendem que a cura se inicia no momento em que o doente verbaliza e coloca para fora todas as suas angústias e aflições. Ou seja, compartilhar nossas emoções sem medo, vergonha ou culpa é uma atitude terapêutica, e a Bíblia já previa isso. O sofrimento pode ser usado por Deus para o amadurecimento e crescimento espiritual de todo o corpo de Cristo.

Uma espiritualidade desumanizada não promove autocuidado

A espiritualidade que adoece também é marcada pela negligência da parte dos cristãos em tomar cuidados físicos e emocionais, tornando-os pessoas desumanizadas. Em ambientes assim, é possível ouvir pessoas falando com grande desenvoltura sobre jejum, oração e libertação, mas se sentindo inibidas ou desconfortáveis ao falar sobre sentimentos e necessidade de cuidar do corpo.

Essa desumanização faz que estratégias de prevenção e tratamento da depressão, como tempo para lazer, atividade física, *hobbies*, descanso ou dedicação à família, sejam negligenciadas ou deixadas em segundo plano. Por isso, com frequência, devemos confrontar se o que estamos aprendendo e praticando em nossas igrejas está de acordo com a Palavra de Deus.

Nunca diga que toda depressão provém do pecado

Sobre a relação entre a depressão e o pecado, siga o entendimento sobre como se estabelece, direta ou indiretamente, essa possível conexão.

No sentido lato (envolvendo a humanidade como um todo), deduzimos que toda enfermidade, o que inclui a depressão, deriva do pecado. Contudo, isso não quer dizer que toda depressão, necessariamente, se origine dele. Esse é um conceito imprescindível para o cristão quando depara com a doença.

Antes da Queda, não existiam as doenças na humanidade. O homem desfrutava de plena saúde física, emocional e espiritual. A complexidade e perfeição dessas três naturezas do homem não deixam dúvidas de que Deus, não um processo evolutivo, criou todas as coisas. Entretanto, após o pecado de Adão e Eva, a enfermidade entrou no mundo e, com ela, veio a morte. Assim lemos em Romanos 5.12: "Portanto, da mesma forma como o pecado entrou no mundo por um homem, e pelo pecado a morte, assim também a morte veio a todos os homens, porque todos pecaram".

Assim, desde o nascimento, todos nós carregamos as consequências do pecado original. A primeira delas é a morte espiritual. Estamos mortos espiritualmente até que Deus, por meio de Jesus Cristo, possibilite-nos ter a vida espiritual restaurada.

Também nos interessam as consequências do pecado em nosso funcionamento físico e emocional. Antes da Queda, os sistemas biológicos de Adão e Eva estavam preservados e eles não estavam sujeitos aos problemas de saúde que hoje são comuns a toda a humanidade, como os problemas de visão, diabetes, hipertensão e, sobretudo, as doenças do cérebro.

O cérebro e a mente de Adão e Eva eram tão perfeitos e estavam em tamanha harmonia com Deus que eles tinham potencialidades e habilidades que foram corrompidas pelo processo de deterioração provocado pelo pecado. Creio que Deus tinha dado a eles inteligência e sabedoria inigualáveis, pois estava sobre eles a tarefa de cuidar, gerir, organizar tudo o que Deus havia criado na terra.

Desde o início, Deus dera ao homem o dom de criar, multiplicar e dominar sobre toda a criação. Com a Queda, essas habilidades foram deturpadas e o funcionamento do cérebro humano e da mente, vontade e emoções foi afetado.

O nosso cérebro é o centro de controle da natureza emocional. As emoções — tristeza, angústia, medo e outras — são processadas nele, do mesmo modo que outras funções, como andar, falar e modular a nossa fome, sede e controlar o nosso sono.

Temos de compreender que a Queda, ao alterar o funcionamento dos sistemas fisiológicos do homem, possibilitou o aparecimento de doenças que atingem o sistema nervoso central. Assim, como consequência do pecado original, já nascemos com a possibilidade de adoecermos não somente das doenças biológicas comuns, mas também das doenças mais complexas do cérebro.

Emocionalmente, trazemos as consequências do pecado original. Com esse pecado, o homem perdeu a completa percepção de si mesmo, do próximo e de Deus, afetando a maneira pela qual ele se relaciona consigo mesmo, com os outros e com o seu Criador.

Sentimentos como egoísmo, ódio, inveja, impulsos agressivos, vergonha, dor, perfeccionismo e muitos outros só foram possíveis ao homem após o pecado. Adão, com certeza, foi criado com expressões emocionais e com a plena capacidade de sentir e de se relacionar. Mas, após a Queda, os sentimentos e a personalidade do homem foram profundamente afetados, facilitando-lhe expressar os sintomas depressivos e as alterações da personalidade comuns às doenças psiquiátricas que conhecemos hoje.

Resta, ainda, abordar outro ponto complexo sobre a relação entre depressão e pecado. Há a possibilidade do pecado individual, diretamente, provocar alguns casos de depressão? Encontramos textos bíblicos que servem para demonstrar que algumas enfermidades podem, sim, ser originadas por pecados.

A Bíblia ensina que guardar a lei de Deus nos aproxima de uma vida plena e saudável. Em vários textos do Antigo Testamento, Deus promete ao povo de Israel que, se obedecessem e guardassem os seus mandamentos rituais, que envolviam aspectos higiênicos e alimentares, ele os protegeria de muitas enfermidades. As restrições bíblicas são instruções que, se seguidas, produzem saúde física, emocional e espiritual. A quebra desses princípios bíblicos pode deixar as pessoas mais próximas de uma vida malsucedida na área da saúde e mais propensas à depressão.

Um exemplo disso temos na guarda de um dia para repouso. Deus orientou o povo de Israel que guardasse o sábado, que seria um dia para não exercer atividade laborativa; antes, para se dedicar a ele. Hoje, na nova aliança em Cristo, não temos a obrigação de guardar exclusivamente o sábado e não há a necessidade de nos privarmos de tudo nesse dia. Entretanto, Deus, com essa lei, estava ensinando o princípio de que o homem precisa de pausas e descanso para, sobretudo, se relacionar mais com ele, além de beneficiar seu corpo físico e emocional. Muitas pessoas ficam deprimidas porque descumprem essa lei, vivem em um ativismo social e profissional, apresentam elevada carga de estresse e não separam um dia para dedicá-lo a Deus.

Sobre a relação direta entre pecados individuais e as enfermidades (isso inclui a depressão), a Bíblia também dá algumas respostas. Paulo escreveu em 1Coríntios 5.5 que havia um homem a respeito do qual o apóstolo disse: "entreguem esse homem a Satanás, para que o corpo seja destruído, e seu espírito seja salvo no dia do Senhor", porque havia insistido no pecado. Em 2Coríntios 7, o mesmo apóstolo escreve que aquele homem ficou doente e só não morreu porque a sua tristeza produziu arrependimento para a salvação. O pecado fez que o corpo (a carne) daquele homem fosse tocado por Satanás, causando uma enfermidade. Assim, aprendemos que o pecado abre portas e brechas para que Satanás atue sobre a mente e o corpo do cristão.

Muitos episódios depressivos podem ter início em quebras de princípios espirituais, que possibilitam alterações fisiológicas e emocionais em nosso corpo e mente. Anos atrás, atendi uma paciente que sofria com uma depressão grave e que não respondia a nenhum tratamento. Um dia, após uma consulta, ela confessou que havia feito um aborto e lidava com a culpa e o remorso todos os dias da sua vida. Depois de um período de confissão e perdão, ela sentiu o alívio de seu quadro depressivo.

Em outro texto, Paulo afirma que os cristãos de Corinto comiam o pão e bebiam o cálice do Senhor de maneira displicente durante a Santa Ceia, conforme determinada por Jesus em sua memória (1Coríntios 11.29). Não vou entrar em questões teológicas sobre esse texto, mas, devido ao pecado, somos informados por Paulo que muitos ficaram fracos e doentes, e outros até morreram.

Por outro lado, nem toda enfermidade deriva do pecado. Paulo e Timóteo foram exemplos de homens extremamente dedicados a Deus que sofreram enfermidades, conquanto a Bíblia não informe que eles viviam na prática de algum pecado que deveria ser confrontado. Timóteo era um servo de Deus, fiel, elogiado por Paulo, mas lutava constantemente com problemas estomacais (Paulo o orientou a tomar vinho, o antiácido da época, para ter alívio).

Como afirmamos anteriormente, o próprio Paulo lutou contra um espinho na carne que o fez sofrer muito. Não se sabe exatamente o que seria esse espinho, mas era algo que afligia o seu corpo (carne) e que o deixava bastante debilitado. Ele orou três vezes para que Deus o curasse, mas a reposta foi que aquela enfermidade contribuiria para que ele não fosse tomado pelo orgulho.

Assim, o cristão que está diante da depressão deve ter em mente que a maioria dos casos depressivos não guarda relação direta com o pecado. Ele deve orar a Deus para trazer-lhe discernimento, caso exista algo em sua vida que deva ser confrontado e resolvido.

A depressão pode ser permitida por Deus visando a disciplina, a correção ou o aprendizado para consolar e ajudar pessoas que ele colocará futuramente em nosso caminho.

8

Depressão rouba sua energia, interesse e prazer

> Por que você está assim tão triste, ó minha alma? Por que está assim tão perturbada dentro de mim?
>
> (Salmos 42.5)

Hoje em dia, é comum a confusão sobre os sintomas da depressão, como também a não diferenciação entre tristeza e depressão. Essa confusão leva muitas pessoas a deixarem de buscar ajuda profissional, evidentemente pela falta de entendimento do assunto.

Em primeiro lugar, precisamos entender que tristeza é um sentimento natural, dado por Deus, e que ela permite a cada um de nós amadurecer por meio dos reveses da vida, aprendendo a lidar com situações contrárias ou a contragosto e tomar decisões importantes. Dos homens de Deus cujas histórias são contadas na Bíblia, muitos deles atravessaram momentos de tristeza em que tiveram seu caráter moldado e foram beneficiados por isso. Em uma de suas cartas aos coríntios, o apóstolo Paulo escreveu: "A tristeza segundo Deus não produz remorso, mas sim um arrependimento que leva à salvação, e a tristeza segundo o mundo produz morte" (2Coríntios 7.10).

Essa tristeza segundo Deus é diferente do remorso, que é uma forma de autopunição. A tristeza vinda de Deus produz quebrantamento, arrependimento e esperança. Só o arrependimento implica mudança de atitude. Além disso, perdas, divórcios, luto, problemas conjugais, financeiros, problemas no trabalho etc. podem desencadear momentos de tristeza que são condizentes com essas situações.

Nem toda tristeza é depressão

Quando falamos em depressão, normalmente não se trata apenas de tristeza, mas de um conjunto de sintomas que, quando associados, produzem o quadro depressivo.

Os principais sintomas que o paciente deprimido apresenta são o humor deprimido (tristeza quase contínua) e a perda do interesse e do prazer pelas coisas que antes eram interessantes e prazerosas para essa pessoa. Há também os sintomas físicos (dores no corpo, formigamento, alterações no ritmo intestinal etc.), falta de energia, dificuldade de concentração, falta de memória e atenção, ganho ou perda de peso e isolamento social. Logo, a depressão não é um sintoma isolado, mas um conjunto de sintomas que, quando somados, exigirão tratamento médico especializado.

Além disso, para falarmos em depressão, esses sintomas têm que ocorrer por tempo e intensidade suficientes a ponto de comprometer a vida pessoal, social e laborativa do paciente. Sendo assim, poucos dias de tristeza mais intensa não indicam, necessariamente, um quadro depressivo. A maioria das classificações psiquiátricas indica a presença da depressão quando os sintomas persistem por pelo menos duas semanas.

Maria chegou ao consultório alegando tristeza contínua. Ela dizia ser uma pessoa naturalmente alegre e extrovertida. Relatava que já fazia dois meses que estava sentindo uma tristeza persistente, apesar de em raros momentos apresentar sinais de alegria. Mesmo o convívio com os filhos, que antes a alegrava muito, já não trazia a mesma satisfação.

Disse que se sentia muito "sensível" e sempre que ia aos cultos chorava muito, mais do que o normal. A tristeza era tão intensa que ele não conseguia trabalhar direito, comprometendo significativamente sua produtividade. Por mais que o marido, os filhos e os amigos a tentassem alegrar, sentia que a tristeza não passava. Maria é um exemplo de um paciente que estava apresentando o humor deprimido.

Como dissemos, é natural ao ser humano sentir tristeza. O nosso humor foi feito por Deus de modo que possamos expressar alegria e tristeza de acordo com cada momento da vida. Haverá momentos em que nosso cérebro processará emoções na forma de tristeza e teremos momentos prazerosos em que nosso cérebro processará nossos sentimentos na forma de alegria.

A tristeza da depressão normalmente é desproporcional ao momento vivido. É uma tristeza duradoura, intensa e que se mantém ao longo dos dias. No caso de Maria, por mais que tivesse condições prazerosas em sua vida (uma boa família, os amigos, a igreja), seu humor persistia triste a maior parte do tempo.

É muito importante que a família de alguém com depressão entenda isso. Algumas vezes, por mais que queira, o deprimido não consegue demonstrar alegria e prazer pela vida. Mesmo que as pessoas ao redor tentem propor atividades, dar presentes e dizer palavras de afirmação, o indivíduo persiste com um humor mais triste. Não compreender isso pode piorar os sintomas, produzindo culpa e aumentando a sensação de incapacidade e inutilidade.

Escutar frases do tipo "Você tem que lutar contra essa tristeza", "Você tem que reagir", "Olha a fulana, ela tem um monte de problemas, mas está reagindo bem", "Você tem que ter fé e confiar mais em Deus" pouco ajudam, dependendo da gravidade dos sintomas.

O deprimido tem falta de substâncias químicas em seu cérebro (a serotonina, por exemplo), por isso a sua capacidade de controlar seus sentimentos e ter iniciativa está muito comprometida.

Em vez de ser cobrado nesses momentos de tristeza, o deprimido precisa de alguém que o escute e não tente dar respostas superficiais para os seus problemas e angústias da alma.

Em alguns casos, em vez do humor triste, é o humor irritado que domina o sujeito, deixando-o extremamente impaciente, intolerante e grosseiro, mesmo com as pessoas mais queridas. Pode acontecer de, em um mesmo dia, o paciente apresentar humor normal, triste ou irritado.

A depressão tira o seu interesse e prazer

Érica me procurou se queixando de tristeza contínua. Além disso, disse que não sentia mais prazer em nada. Até ir à igreja, antes algo que dava prazer, já não despertava o seu interesse. Ao ser perguntada se conseguia orar, respondeu que apenas clamava a Deus por socorro e para que tirasse a angústia de sua alma.

No mesmo período, ela largou as atividades físicas, o ministério com as crianças e não conseguia mais apresentar a alegria durante as atividades familiares, na vida sexual e no trabalho.

O quadro clínico de Érica evidencia outro componente importantíssimo na depressão: a perda de interesse e prazer em vários aspectos da vida. Junto com o humor deprimido, a perda de prazer é o principal sintoma de depressão.

Nosso cérebro foi feito por Deus com a capacidade de sentir e experimentar situações prazerosas. Podemos ter prazer em coisas como viajar, namorar, comer, praticar esportes, sexo, *hobbies* e em várias outras atividades. O interesse e o prazer em cada atividade irão depender de hábitos e características desenvolvidos ao longo da vida.

Entretanto, o deprimido perde muito a capacidade de experimentar prazer nas atividades que antes gostava, e elas se tornam desinteressantes e enfadonhas. O indivíduo se recusa a realizá-las ou as realiza com menos intensidade e interesse, mesmo com estímulo de pessoas próximas.

Frequentemente, o sentimento de tristeza se soma à desesperança e incapacidade de sentir e demonstrar afeto para com a família e outras pessoas dos círculos de amizade. O desejo sexual normalmente diminui, além do interesse por *hobbies*, esportes, sair com os amigos e ir à igreja. Mesmo reuniões com amigos próximos e queridos passam a ser evitadas.

Algumas pessoas perdem o interesse e o prazer a tal ponto que ficam apáticas, alheias ao mundo, desinteressadas, passando a apresentar vontade recorrente de morrer. São comuns pensamentos solicitando a Deus que as levem para o céu ou que possibilitem morrer de uma doença grave quanto antes.

A vida do depressivo é triste, sem cor e sem prazer. O indivíduo com depressão comumente sente como se estivesse sem energia, sem disposição, muito mais cansado que o habitual e sentindo o corpo preso e pesado.

No início, o depressivo consegue, com alguma determinação, fazer as atividades que são extremamente necessárias, como cuidar de si, da família e trabalhar. Entretanto, essas atividades, antes automáticas, depois de um tempo necessitam de um esforço muito maior que o normal. Quando chega a esse ponto, é comum as pessoas próximas pressionarem-no, uma vez que entendem erroneamente que o paciente está preguiçoso, avesso ao trabalho ou se entregando à doença. Por isso, é importante compreender que a depressão provoca alterações químicas no cérebro que reduzem a energia e a disposição, pois assim evitaremos cobranças nas pessoas que não têm condições de responder a elas.

9

Depressão altera o funcionamento do seu corpo

O coração bem-disposto é remédio eficiente, mas o espírito oprimido resseca os ossos.

(Provérbios 17.22)

De todos os sintomas da depressão, os mais ignorados são os sintomas físicos. A depressão provoca desregulação de várias regiões do nosso cérebro, levando o indivíduo a ter sintomas físicos como insônia, perda de apetite ou dores no corpo. Como diz o texto sagrado: a dor emocional (do coração) com o tempo irá repercutir em nossa saúde física (ressecará os ossos).

Uma vez que o cérebro influencia outros órgãos do nosso organismo, sobretudo o intestino, pacientes com depressão poderão apresentar alterações de seu hábito intestinal, dor abdominal, enxaqueca, dor no peito, formigamentos e inúmeros outros sintomas, chamados pela medicina de "psicossomáticos".

Carlos era um pastor jovem e dinâmico. Tinha energia e disposição para tudo. Praticava esportes, se alimentava bem e dormia o verdadeiro sono dos justos. Mas, havia seis meses vinha se sentindo irritado, explosivo, impaciente com a esposa e com os filhos e passou a sentir falta de energia. No mesmo período, o seu sono não era mais o mesmo. Começou a apresentar dificuldade de iniciar e de manter uma boa noite de sono. Dizia que, mesmo quando dormia a noite inteira, sentia cansaço e dores no corpo ao acordar. Tinha o hábito de se alimentar de maneira adequada. Porém, recentemente, mesmo a elogiada comida de sua esposa já não abria o seu apetite. Mas o que mais o preocupava era a falta de desejo sexual.

Pastor Carlos manifestava sintomas muito comuns a pacientes com depressão: alterações no sono, no apetite e no desejo sexual.

Depressão altera o padrão do sono

Dormir bem é fundamental para a boa saúde emocional de qualquer pessoa. Uma boa noite de sono traz qualidade de vida, bem-estar e é importante para o bom funcionamento cerebral.

O paciente deprimido apresenta diversas alterações no padrão regular de seu sono. Mas o bom sono não se mede pelo número de horas dormidas, mas pela qualidade delas. Algumas pessoas podem dormir por seis horas e se sentirem bem-dispostas e renovadas, enquanto outras precisarão dormir por oito ou mais horas para se sentirem bem e dispostas ao longo do dia.

O deprimido pode apresentar alterações tanto na qualidade como na quantidade de seu sono normal. Pode ocorrer dificuldade para iniciar o sono, que chamamos de insônia inicial. Se antes bastava deitar na cama para adormecer, durante o episódio depressivo o paciente demora horas para dormir e fica com pensamentos acelerados que dificultam o sono.

Outros conseguem dormir rapidamente, mas apresentam dificuldade de manter o sono, acordando várias vezes durante a noite (o chamado "sono picado"). Isso leva à sonolência e ao cansaço durante o dia; é a chamada insônia intermediária. Por fim, há pacientes que conseguem dormir rapidamente, mas acordam mais cedo do que gostariam e não conseguem mais dormir. Esta é a chamada insônia terminal.

Não podemos deixar de explicar que a insônia se associa a vários transtornos psiquiátricos, como a depressão, transtorno bipolar, transtornos ansiosos entre outras patologias. Também há pacientes que apresentam sono agitado, falam demais à noite e podem executar movimentos intensos do corpo. É preciso que aqueles que apresentam dificuldades para dormir procurem um especialista para uma avaliação mais ampla. O uso indiscriminado de medicamentos contra insônia apenas camuflará os sintomas e esconderá uma doença que, meses depois, se manifestará de forma mais intensa.

Entretanto, nem todos os pacientes com depressão sofrem insônia. Ao contrário, muitos apresentam sonolência excessiva, uma vontade enorme de ficar deitado e dormindo. Os dois extremos podem ocorrer durante um episódio depressivo.

Depressão altera o apetite

O paciente também pode ter aumento ou perda de apetite entre os sintomas. Comer, além de ser uma necessidade vital do ser humano, constitui um prazer e importante momento de socialização e integração. Durante a evolução da doença, o deprimido pode apresentar diminuição importante do apetite, levando à perda de peso e, em alguns casos, a uma grave anorexia. Mesmo as refeições mais importantes do dia passam a ser evitadas, ainda que a família insista para que a pessoa se alimente.

Paradoxalmente, outros pacientes apresentam um aumento do apetite, manifestando aumento associado a agitação psicomotora. Isso normalmente ocorre em pacientes depressivos que também apresentam transtornos ansiosos.

As alterações químicas no cérebro causadas pela depressão comprometem o prazer em comer e alteram o centro de controle da fome. Há antidepressivos que levam a ganhar ou perder peso, e isso deve ser levado em conta para escolha do tratamento.

Depressão altera a libido

Por fim, vemos no exemplo do pastor Carlos outra importante queixa apresentada por pacientes deprimidos: a diminuição do desejo sexual (baixa da libido).

Como o sono, a intensidade da libido varia de pessoa para pessoa, envolve fases da vida e condições hormonais, e em muitos o desejo sexual diminui por causa de estresse. Assim, algumas pessoas podem apresentar mais desejo sexual que outras, e isso é perfeitamente normal.

Entretanto, o paciente com depressão manifesta diminuição da libido, mesmo que não esteja vivenciando problemas no casamento. É preciso compreender o momento e não confundir perda de interesse sexual decorrente da depressão com falta de amor e desinteresse pelo relacionamento. O deprimido perde o desejo sexual por estar doente, não por estar com o relacionamento desgastado. Tampouco isso se deve ao fato de não ter amor ou demonstrar atração pelo parceiro.

Nessas situações, é recomendável conversar abertamente com um profissional sobre a vida sexual durante o tratamento de um episódio depressivo.

Depressão altera a sensibilidade à dor

Pedro estava em depressão havia cerca de três meses. Suas principais queixas eram dores no corpo e uma sensação de cansaço significativo logo ao acordar. Além disso, apresentava alterações em seu hábito intestinal e uma grande facilidade de ter gripes e resfriados. Isso o levou a procurar um clínico geral, pensando que pudesse estar com alguma doença grave.

Há pacientes com depressão que procuram primeiramente médicos de outras especialidades antes de irem ao psiquiatra. Isso nem sempre ocorre por preconceito de ir a um profissional de saúde mental, mas porque, em muitos casos, a depressão produz sintomas físicos que simulam outras doenças.

Podemos ler novamente o texto que diz: "O coração bem-disposto é remédio eficiente, mas o espírito oprimido resseca os ossos" (Provérbios 17.22). As doenças emocionais repercutem em nossa saúde física. É interessante que Provérbios, escrito há milhares de anos, já alertava sobre os processos que hoje chamamos de queixas psicossomáticas. Essas queixas são manifestas por dor ou desconforto no corpo, frutos de desarranjos emocionais.

A baixa dos neurotransmissores cerebrais também envolve as substâncias responsáveis pela modulação e resposta adequada à dor. Os pacientes depressivos apresentam maior sensibilidade à dor em vários sistemas corporais.

Um dos locais mais sensíveis à sensibilidade é o sistema gastrointestinal. Pacientes com depressão podem apresentar dores abdominais, queimação, flatulência, diarreia e constipação, ainda que todos os exames de diagnóstico (endoscopia, colonoscopia) estejam normais. Isso não significa que a dor não seja real, mas que ela deriva de processamento inadequado da dor no sistema nervoso do paciente. Há quem apresente sensação de dor, abafamento ou desconforto no peito que os fazem procurar um cardiologista. Após os exames diagnósticos (como eletrocardiograma e ecocardiograma), os pacientes são orientados a procurar um psiquiatra, porque os fatores emocionais são os responsáveis pelas queixas cardiológicas.

Os pacientes idosos, diabéticos e hipertensos devem procurar um cardiologista para fazerem um diagnóstico diferencial entre a dor emocional (advinda da desregulação dos neurotransmissores cerebrais da dor) e a dor de origem verdadeiramente cardiológica.

Os sintomas físicos frequentes em pacientes com depressão são a cefaleia e sensações de tensão e dor nas costas, ombros e nuca. Há uma prevalência maior de sintomas depressivos em pacientes com enxaqueca e vice-versa.

Também é comum a associação entre a depressão e a fibromialgia. A última é uma síndrome muito prevalente. O paciente sente dores por todo o corpo durante longos períodos, sensibilidade nas articulações, nos músculos, tendões e em outros locais. Também é comum, nesses casos, a sensação de fadiga e cansaço. A fibromialgia está intimamente ligada à depressão, ansiedade e aos problemas para dormir.

Depressão altera a imunidade

A associação entre depressão e problemas de pele também é frequente. Os pacientes podem apresentar manchas roxas pelo corpo, e isso não indica, necessariamente, nenhum problema de saúde grave. A pele é um dos locais em que mais se manifestam alterações de fundo emocional. Pacientes portadores de doenças dermatológicas, como vitiligo e psoríase, podem apresentar piora do quadro clínico quando têm sintomas depressivos. É muito importante que pessoas com doenças dermatológicas crônicas monitorem constantemente seu estado emocional.

Cabe salientar que a depressão produz alterações em nosso sistema imunológico. Desse modo, é comum o surgimento ou agravamento de alergias, piora de quadros autoimunes e uma maior predisposição a infecções (principalmente gripe, resfriados e herpes). Isso se torna ainda mais grave quando o paciente deprimido não come, dorme mal e não pratica exercícios físicos.

Depressão altera a memória

Artur procurou ajuda psiquiátrica aos 40 anos de idade por apresentar problemas de memória. Queixava-se de não conseguir se concentrar adequadamente e estava se esquecendo de compromissos importantes em seu dia a dia. No mais, estava postergando atividades profissionais para o máximo de tempo possível. Seu principal medo era estar com demência de Alzheimer e manifestava muita preocupação pelo fato de seu pai ter morrido com a doença. Durante seu atendimento, foram observadas outras queixas, como perda de energia, prazer e dificuldade de atenção.

É bastante comum pacientes jovens procurarem ajuda psiquiátrica devido a queixas cognitivas. Dentre elas, as mais importantes no paciente deprimido são dificuldades de concentração, memória e atenção.

É raro, no entanto, um paciente com menos de 60 anos apresentar quadros demenciais ou outros problemas neurológicos que tragam queixas cognitivas proeminentes. Entretanto, os neurotransmissores envolvidos na depressão fazem que essas alterações cognitivas afetem profundamente a produtividade e a vida social.

Essas alterações de memória, atenção e concentração fazem que o deprimido tenha dificuldades de leitura, aprendizagem, discurso e na tomada de decisões. Pessoas que antes eram muito ativas, criativas e determinadas perdem transitoriamente essas qualidades durante o quadro depressivo.

As alterações cognitivas decorrentes da depressão, em geral, são reversíveis e melhoram à medida que o paciente se submete ao tratamento. Dessa forma, o deprimido não precisa se preocupar a respeito dessas alterações serem definitivas e irreversíveis.

Em resumo, a depressão, se não tratada, poderá causar sintomas em vários órgãos do corpo e levar o paciente a procurar, desnecessariamente, um grande número de profissionais.

10

Depressão altera sua identidade

Nunca para a agitação dentro de mim;
dias de sofrimento me confrontam.

(Jó 30.27)

Pacientes com depressão e um sentimento de perda de identidade se questionam sobre o motivo de sua personalidade ser tão afetada durante um episódio depressivo. Érica era uma menina feliz e determinada. Sempre segura, foi promovida três vezes no trabalho em menos de dois anos. Não apresentava problemas de aceitação, autoimagem, tampouco de baixa autoestima.

Após um período de estresse ocupacional, começou a ficar pessimista, negativa, triste, sentindo-se incompetente e condenada ao fracasso.

O deprimido, assim como Érica, normalmente apresenta baixa autoestima e sentimentos de fracasso de maneira progressiva. Inicialmente, são apenas pensamentos esporádicos, mas, com o avançar da doença, esses sentimentos se tornam dominantes. O paciente apresenta perda de confiança em si mesmo e nos outros; presta mais atenção a seus problemas, não nas soluções; se prende a pensamentos ruins sobre a vida; não consegue observar ou aproveitar as coisas boas que o cercam; foca em memórias e lembranças ruins do passado e não consegue pensar ou refletir positivamente sobre seu futuro. Enfim, ele passa a ter uma vida marcada pela lamentação, extrema autocrítica e culpa.

Inicialmente os pacientes se cobram por saber as coisas que devem fazer, mas não conseguem. Posteriormente, se culpam por se sentirem responsáveis por viver o quadro depressivo, e esse é um sentimento muitas vezes alimentado por familiares e pessoas ao redor que insistem em dizer que eles estão nesse estado porque querem ou porque é conveniente.

Por vezes, os familiares chegam a dizer que o deprimido é preguiçoso ou quer chamar a atenção. Essas atitudes agravam os sentimentos já negativos do paciente, podendo levá-lo até mesmo a ter pensamentos de suicídio.

Depressão produz isolamento social

Outro ponto presente é o isolamento social. Pessoas deprimidas tendem a se afastar progressivamente de amigos e familiares, evitando comparecer a eventos sociais que antes eram prazerosos. Mesmo que sejam forçadas a ir em determinados eventos, não conseguem sentir prazer e a experiência se torna bastante angustiante. Nesses casos, não é recomendável que a família force o deprimido que ainda não está em tratamento a realizar atividades que ele não quer ou não consegue realizar. Nem por isso a família deve abandonar o doente, mesmo que os sintomas o tornem desinteressante, pessimista ou irritado.

O isolamento, junto com os problemas cognitivos e afetivos, faz que o paciente tenha problemas no trabalho, podendo levá-lo a pedir demissão ou a ser demitido, isso porque o paciente deprimido pode tomar atitudes e adotar comportamentos que visam compensar ou tamponar os sintomas que apresenta. Entre os casos, pode apresentar compulsão por álcool, drogas, sexo, compras ou comida.

Depressão leva o cristão a ter pensamentos de suicídio

A perda da identidade, o isolamento e a culpa podem levar o paciente a pensamentos extremos como o suicídio.

O suicídio é o ato de tirar voluntariamente a própria vida. Quando pensamos que um cristão nunca tentará suicídio, cometemos dois grandes equívocos. O primeiro é acreditar que o cristão não possa apresentar pensamentos suicidas. O segundo é inibir que se fale abertamente sobre esse tema dentro da igreja. Um pensamento suicida não surge por acaso, do nada. Ele advém de um quadro de depressão persistente e permanente. Quando se chega ao ato suicida, o paciente em questão já estava sofrendo há muito tempo e de forma muito intensa.

São vários os casos que acompanhei, direta ou indiretamente, de pastores que pensaram ou tentaram suicídio. Da mesma forma, só para citar alguns, personagens bíblicos como Jó e Elias pensaram nessa aparente solução para seus problemas.

Em todo o mundo, 800 mil pessoas tiram a própria vida todos os anos, sendo o suicídio a segunda maior causa de morte entre jovens de 15 a 29 anos.

A pessoa com depressão pensa em tirar a própria vida de diversas maneiras. No entanto, o cristão geralmente pensa em suicídio de maneira diferente: pedindo a Deus para o levar ou desejando um acidente ou doença que o leve para o paraíso.

Apesar de serem expressos de maneiras diferentes, esses pensamentos que o cristão tem durante a depressão refletem os mesmos sentimentos que os deprimidos não cristãos apresentam. O profeta Elias, por exemplo, não pensou em atentar contra a própria vida, mas pediu a Deus que o levasse. Inicialmente, o cristão pode permanecer apenas nesse desejo de que Deus o leve, mas, posteriormente, se a doença se agravar, poderá tentar dar cabo da própria vida.

Lembro-me de um pastor que estava deprimido e, ao ser perguntado sobre pensamentos suicidas, respondeu que de maneira alguma cometeria tal ato, para não perder a salvação. No entanto, ele admitiu pedir a Deus todos os dias que o levasse por meio de uma morte natural ou acidente de carro. Outro cristão, certa vez, respondeu que desejava que Deus lhe permitisse ter um infarto fulminante que acabasse com o seu sofrimento e a dor impostos pela depressão.

Ainda é muito comum ouvirmos o pensamento suicida de forma velada. Por vezes, ouvimos a seguinte frase: "Eu queria sumir ou desaparecer", "Eu queria não existir". Esses são exemplos de frases que podem parecer naturais, que carregam um conteúdo suicida velado, escondido nas entrelinhas.

Sentimentos como esses devem ser compreendidos como um grito de socorro, nunca como expressão de falta de fé, falta de confiança em Deus ou falta de amor aos familiares e pessoas próximas.

Deus não recriminou nem levou Elias embora no momento em que ele estava pensando em suicídio. O Senhor entendeu os seus sentimentos; que Elias estava experimentando um episódio depressivo naquele momento, o qual estava distorcendo a sua identidade e a percepção da realidade.

A família de alguém com depressão tem grande papel em ajudar esses pacientes que estão fragilizados e em alguns momentos se tornam incapazes de reação emocional. Infelizmente, cerca de 10% a 15% dos pacientes com depressão grave cometem suicídio, e essa é uma morte que poderia ser evitada na maioria dos casos, se as pessoas à volta do paciente conseguissem discernir os sinais emitidos.

O suicídio tende a acometer pessoas de meia-idade, com pico entre 45 e 55 anos, sendo quatro vezes mais comum em homens que mulheres. Elas tentam três vezes mais suicídio que os homens, mas eles são mais eficientes em concretizar o ato.

Nos últimos anos, tem havido um aumento no índice de suicídio entre adolescentes e idosos, demonstrando que nenhuma faixa etária deve ser ignorada quando se manifesta o desejo de morrer.

Há fatores que podem proteger um doente com depressão de cometer suicídio, como ter uma fé ativa, bom suporte familiar, não apresentar problemas financeiros e ter uma boa capacidade desenvolvida ao longo da vida para lidar com frustrações.

Por outro lado, solidão, sentimento de menos valia e de não pertencimento, histórico familiar de suicídio, problemas financeiros, desemprego, estresse crônico, doenças clínicas graves (como câncer), perda de *status* social, ausência de espiritualidade e crises existenciais recorrentes aumentam o risco de dar cabo da própria vida.

É comum, em alguns momentos de frustrações, sofrermos perdas, fracasso e desilusões, sentimentos como os de que a vida não vale a pena ou pensamentos de que seria melhor que Deus nos levasse para a glória eterna. No deprimido grave, esses pensamentos se manifestam com maior constância, e todo aquele que os apresentam persistentemente deve falar abertamente com amigos, pastores, médicos ou familiares, a fim de conseguir ajuda.

Conselheiros cristãos devem entender que os pensamentos de suicídio são uma emergência. Toda pessoa que manifeste desejo de morrer durante o aconselhamento, sobretudo se estiver planejando o ato, deve ser encaminhada o mais rapidamente possível para um profissional de saúde mental, para avaliação.

O cristão em depressão, diante dos pensamentos de suicídio, poderá orar para que Deus os afaste de sua mente e proteja seus sentimentos dos desejos de morte inspirados pelo Diabo. O nosso adversário aproveita a fragilidade emocional imposta pela depressão para plantar pensamentos de morte, ruína e fracasso na mente dos servos de Deus. A própria depressão pode produzir esses sentimentos. Contudo, eles podem ser criados ou alimentados pelas forças espirituais do mal. Familiares e amigos de pessoas com depressão devem sempre orar para que Deus afaste esses pensamentos da mente do deprimido.

O suicídio é cercado de vários mitos

Quando falamos sobre suicídio, há alguns erros e preconceitos que devem ser derrubados. São atitudes e tabus que impedem a busca e o socorro adequados pelo paciente deprimido. Iremos abordar em seguida alguns deles.

ERRO 1: Quem fala muito sobre suicídio, não o comete, quer apenas chamar a atenção.

Infelizmente, isso é uma ideia comum quando se fala em suicídio. Pensamos que alguém que fala muito em se matar quer chamar a atenção e nunca praticará o ato. Eis um grande equívoco. A maior parte das pessoas que cometem suicídio fala antes do ato sobre o desejo de morrer. Muitas vezes, essas pessoas são criticadas, ignoradas ou têm esses sentimentos minimizados por amigos ou familiares. Não devemos ignorar pensamentos de morte, mesmo que a pessoa tenha tentado várias vezes de maneira superficial e não conseguido tirar a própria vida. Há pessoas que tentam suicídio de maneira impulsiva, sem nenhum planejamento, mas muitos dão vários sinais que são ignorados. É comum, antes do ato, os pacientes sentirem falta de esperança, arrumar documentos ou testamentos e ter, por vezes, discurso de despedida.

ERRO 2: Falar sobre suicídio com alguém com depressão pode colocar na cabeça dele a ideia de se matar.

Esse também é um erro muito comum. Algumas pessoas acham que se tocarem no assunto de pensamentos suicidas com alguém deprimido vão induzir essa pessoa a se matar. É preciso saber que quem deseja se matar devido à depressão não tem esses sentimentos por meio de algo imposto por outra pessoa, mas em decorrência da própria doença.

Normalmente acontece o contrário: quando falamos abertamente com alguém com depressão sobre a presença ou não de pensamentos de morte, ela se sente acolhida, compreendida e amada. Falar abertamente sobre suicídio pode ser o início da cura e salvar inúmeras vidas.

Na igreja, ao se abordar um deprimido com pensamentos de morte, é preciso não julgar a pessoa, evitando condená-la ao inferno, tampouco a rotular de covarde. Se fizermos isso, apenas iremos reforçar os sentimentos de fracasso, culpa e desesperança, aumentando o desejo de morrer. Devemos saber dos planos dessa pessoa em tirar a vida, procurar interrompê-los e encaminhar o doente para ajuda profissional.

ERRO 3: Quem já tentou várias vezes, nunca irá se matar.

Esse também é um grande engano quando se fala sobre suicídio. Pessoas que tentaram suicídio mais de uma vez têm maior chance de tentar novamente e conseguir. Mesmo tentativas que possam parecer apenas formas de chamar a atenção (usando métodos que nitidamente não provocariam a morte) devem ser valorizadas.

ERRO 4: Todo suicida quer morrer, não tem amor à vida ou consideração com os familiares.

Nem sempre alguém que tenta suicídio quer morrer. Há sentimentos antagônicos e, por vezes, a tentativa é um grito de socorro diante de situações em que o doente, tomado pela depressão, se sente um peso ou não vê solução para seus problemas. Muitos que tentaram suicídio e foram salvos por amigos ou médicos se mostram felizes por não terem morrido. Às vezes, as tentativas são um ato impulsivo e de desespero. Isso não indica que não haja amor ou respeito por amigos, familiares ou pelo próprio Deus.

ERRO 5: Quem usa o suicídio como estratégia de vingança, moeda de troca ou punição, nunca irá realmente se matar.

Em alguns casos, algumas pessoas falam que irão se matar caso não tenham seus desejos atendidos, após um término de relacionamento ou um divórcio, ou movidas pelo pensamento de punir alguém com a culpa imposta pelo suicídio. Por mais que essas atitudes possam parecer chantagem ou manipulação, as pessoas que manifestam esses desejos devem ser encaminhadas para suporte espiritual, médico e psicológico. Temos que dar atenção a sinais e pistas que indicam quando a pessoa que planeja suicídio pode estar por semanas ou dias de cometer o ato. Frases como "Vou fazer uma besteira", "Não há solução para meus problemas", "É melhor eu morrer e acabar com tudo", "Sou um peso para todos" devem, sempre, ser motivo de preocupação.

Do mesmo modo, há pessoas que antes de se matar doam objetos com valor material ou sentimental, arrumam documentos (para deixar "a casa em ordem antes de morrer"), fazem seguros de vida ou têm uma preocupação financeira súbita e inesperada.

Pessoas que já tentaram suicídio outras vezes devem receber redobrada atenção. Indivíduos que estão com pensamentos de morte devem ser monitorados e, em alguns casos, internados em hospitais para sua proteção e sempre ser encorajados a procurar ajuda médica e psicológica.

Por fim, devem ser alvo de muito amor, respeito, acolhimento e cuidados espirituais. Jesus veio para dar vida em abundância, e o suicida deve saber que não há problema ou aflição que não possa ser resolvido por ele. Um aconselhamento cristão bem feito, diante de pensamentos suicidas, literalmente salva vidas.

11

Depressão pode andar junto com a ansiedade

O coração ansioso deprime o homem.
(Provérbios 12.25)

Apesar da divergência entre estudos sobre o tema, estima-se que 1/3 das pessoas com depressão apresenta transtornos de ansiedade associados. Por conta disso, iremos discutir ao longo deste capítulo os principais transtornos que podem acometer o paciente deprimido.

A ansiedade é um processo normal e necessário à nossa sobrevivência. Sem ela, não concluímos projetos, não somos proativos ou não respondemos aos perigos e desafios da vida com a intensidade necessária. Em qualquer mudança ou experiência nova, a ansiedade nos ajuda a estar prontos e ter respostas adequadas.

A ansiedade normal é proporcional ao estímulo vivido, enquanto a ansiedade patológica paralisa o indivíduo, comprometendo sua saúde, seu bem-estar e sua qualidade de vida. Esse tipo de ansiedade é mais intensa ou dura mais que o previsto para um momento de estresse ou uma ameaça.

Os transtornos de ansiedade que mais se associam à depressão são: transtorno de pânico, transtorno de ansiedade generalizada e fobia social.

Transtorno de pânico

O transtorno de pânico é um tipo de ansiedade que se manifesta por meio de crises repentinas de desespero e medo de que algo ruim aconteça, mesmo que não haja motivo algum para isso ou sinais de perigo iminente. É duas a três vezes mais comum em mulheres.

As crises de pânico (medo) são sempre inesperadas, podendo ocorrer até em momentos em que o paciente esteja repousando tranquilo no sofá de sua casa. Com o tempo, os ataques se tornam cada vez mais frequentes, fazendo que a pessoa fique muito preocupada em ter novas crises. Consequentemente, ela fará de tudo para evitar situações de tensão em seu dia a dia por medo de perder o controle, enlouquecer ou ter um novo ataque. Muitos pacientes evitam lugares fechados, cheios de pessoas, engarrafamentos, elevadores, com medo de ter crises e não conseguir socorro. Isso se chama *agorafobia*.

Os sintomas mais comuns de uma crise de pânico são taquicardia (coração acelerado), falta de ar ou sufocamento, tremores, formigamento, tontura, sudorese, náusea, dor abdominal, sensação excessiva de calor ou frio, aperto ou dor no peito, medo de morrer ou de ficar louco e perda de controle mental ou desconexão da realidade por alguns instantes.

Os ataques normalmente duram poucos minutos. Em alguns casos, porém, podem ser mais longos. Como se parecem muito com sintomas cardíacos ou gástricos, é comum que o paciente, durante a crise, procure atendimento médico de urgência, considerando que esteja tendo um infarto, derrame ou crise estomacal.

Quem sofre crises de pânico, vive preocupado se está com uma doença grave, e isso gera grande sofrimento psíquico. Muitos acabam desenvolvendo depressão após ataques de pânico repetidos. Depois de várias consultas médicas e constatar que seus exames estão normais, o paciente comumente é orientado por médicos de outras especialidades a procurar o psiquiatra.

Há pacientes que apresentam um ataque de pânico isolado. Nesse caso, não precisa necessariamente de intervenção médica. Entretanto, muitos têm crises recorrentes que limitam suas atividades profissionais e sociais.

Esse quadro psíquico produz grande estresse emocional, fazendo que sintomas depressivos associados sejam comuns. Com o tempo, o paciente sente-se triste, angustiado, sem prazer pela vida e, principalmente, com alterações de apetite e sono.

O transtorno de pânico tem como causas fatores genéticos ou psicossociais. Pessoas com quadros de ansiedade na família apresentam maior risco de desenvolver a doença.

O transtorno normalmente aparece após períodos de sobrecarga e estresse, morte ou adoecimento de um familiar, mudança de vida ou após uma experiência traumática (acidente, cirurgia, diagnóstico de doença grave).

Transtorno de ansiedade generalizada (TAG)

O transtorno de ansiedade generalizada (TAG) é uma alteração emocional crônica muito presente em associação à depressão. O principal sintoma é preocupação excessiva e irreal ou uma apreensão constante, acompanhada de diversos sintomas físicos.

Mesmo sem motivo, o paciente não consegue deixar de se preocupar ou apresentar tensões relacionadas ao trabalho, à família, aos relacionamentos, à saúde ou a outras áreas de sua vida. Essa ansiedade não apresenta um foco específico, sendo isso importante para o diagnóstico.

Além do nervosismo e da tensão emocional, ocorrem tremores, tensão muscular (dor constante na nuca e nos ombros), cefaleia, palpitações, tonturas, sudorese, sensação de pressão ou de "cabeça leve", queixas gastrointestinais sem motivo aparente, vontade constante de ir ao banheiro, insônia (normalmente dificuldade para conciliar o sono), irritabilidade, dificuldade de relaxar e de digestão. É muito comum a associação da síndrome do intestino irritável com o TAG.

Emocionalmente, o paciente fica com avaliações mais negativas ou pessimistas da realidade, apresentando, por exemplo, medo de adoecer, de que algo ruim aconteça a pessoas próximas ou de perder o emprego. Simples problemas e demandas do dia a dia se tornam causas de ansiedade.

O quadro, se não tratado, pode durar anos, com prejuízos significativos na qualidade de vida, no trabalho e nos relacionamentos. O paciente acaba consumindo toda a sua energia emocional para lidar com a ansiedade patológica, o que resulta em queda de produtividade em todos os aspectos do cotidiano. Além disso, a somatização de doenças faz que o paciente realize frequentemente vários exames desnecessários.

A tensão, a sobrecarga e as queixas físicas levam facilmente o paciente a apresentar quadros depressivos associados.

O tratamento, assim como no pânico, envolve o uso de medicamentos que aumentem o nível de serotonina no cérebro e, às vezes, de ansiolíticos. É muito comum o paciente, por conta própria ou prescrições de clínicos gerais, usar ansiolíticos. Entretanto, esses medicamentos apenas aliviam os sintomas, sem tratar a doença. Usar apenas ansiolítico fará que o paciente desenvolva dependência e apresente um agravamento progressivo da doença, requerendo doses cada vez maiores.

Além dos medicamentos, a psicoterapia e a prática de exercícios físicos auxiliam bastante na recuperação.

Fobia social

Faz parte da natureza humana sentir insegurança, receio ou timidez em ambientes novos ou em contato com pessoas desconhecidas. Situações como adaptação a um novo emprego, iniciar um relacionamento ou falar em público normalmente desencadeiam sintomas de ansiedade que são plenamente compreensíveis e aceitáveis. Com o passar do tempo, conseguimos nos adaptar a essas situações novas e percebemos que a ansiedade inicial sai de cena para que possamos viver esses momentos.

Para quem tem fobia social, no entanto, essa adaptação não acontece ou não se faz de maneira adequada. Ocorre um medo patológico de comer, beber, falar ou escrever diante de pessoas ou em lugares novos. Surge um medo de ser julgado, avaliado e de interagir com as pessoas. Nesses casos, o paciente se mostra extremamente ansioso. Normalmente, a ansiedade é visível, com sudorese, vermelhidão na pele, tremores e alterações da voz (voz trêmula).

O medo dessas situações novas é tão intenso que o paciente evita ao máximo passar por elas; evitam falar em público e ir a eventos sociais e restaurantes, por exemplo. Quando não há como deixar de comparecer a esses locais, ocorrem sintomas significativos por dias ou semanas antes da data programada. O paciente sofre antecipadamente durante dias os muitos sintomas de ansiedade, tanto físicos quanto emocionais.

Ao contrário do que acontece com quem não sofre de fobia social (em que a ansiedade diminui durante o acontecimento fóbico), no decorrer do evento a ansiedade se intensifica tanto que o paciente pode ter uma crise semelhante ao ataque de pânico.

A fobia social acomete mais pessoas jovens em sua fase mais produtiva tanto nos relacionamentos quanto no trabalho, o que traz prejuízos emocionais e sociais significativos. O paciente acaba desenvolvendo, ao longo do tempo, sintomas depressivos pela incapacidade de vencer a doença.

O tratamento psicoterápico (sobretudo terapia cognitiva comportamental) é imprescindível nesses casos. O tratamento médico envolve o uso de ansiolíticos e antidepressivos para reduzir os sintomas ansiosos em situações novas e estressantes para o paciente.

12

Nem toda depressão é igual

> A vinha está seca, e a figueira murchou; a romãzeira, a palmeira, a macieira e todas as árvores do campo secaram. Secou-se, mais ainda, a alegria dos homens.
>
> (Joel 1.12)

Existem tipos diferentes de depressão ou ela pode se apresentar de maneira diferente de acordo com a idade. Neste capítulo, falaremos sobre tipos específicos de depressão e como ela pode se expressar de maneira diferente de acordo com a idade.

Distimia

A distimia é uma doença emocional muito parecida com a depressão. Entretanto, seus sintomas são mais leves e com tendência a manter a funcionalidade do paciente, ainda que com vários prejuízos.

Cerca de 3% da população mundial sofre de distimia. Nela, a tristeza normalmente é persistente por longo período (pelo menos dois anos), permanecendo durante a maior parte do dia, na maioria dos dias, mas sem se tornar intensa e grave a ponto de incapacitar o paciente para atividades profissionais, sociais e acadêmicas.

Os sintomas são muito semelhantes aos da depressão: perda do prazer, irritabilidade, mau humor, descontentamento com tudo, pessimismo, insônia ou hipersonia, queixas cognitivas (memória, atenção e concentração), alterações de apetite e isolamento social. Nem sempre todos esses sintomas estão presentes, mas, normalmente, são muito prevalentes.

O sintoma mais característico da distimia é o mau humor. Os distímicos geralmente são pessoas mau-humoradas, que reclamam demais; sempre veem os aspectos ruins da vida em detrimento dos bons e não reconhecem que precisam de tratamento. Por conta disso, o indivíduo tende a considerar seu mau humor como normal e parte de sua personalidade, não apresentando autocrítica sobre sua expressão emocional. As pessoas mais próximas do distímicos sofrem os malefícios de conviver com alguém que sempre usa uma "lente cinza" para interpretar a realidade.

A distimia normalmente se manifesta na infância, na adolescência ou no início da idade adulta, o que leva muitos a passar a vida inteira acreditando que os sintomas são resultado de um temperamento normal: "Eu nasci assim. Vou ser sempre assim".

Crianças com distimia tendem a ser irritadas e mal-humoradas. Já os adolescentes se comportam de forma rebelde. A distimia é mais comum em pessoas que apresentam histórico familiar de depressão ou outros transtornos de humor.

Apesar de ser menos grave que a depressão, a distimia pode levar a inúmeros problemas sociais e ocupacionais. O paciente pode apresentar baixa produtividade no trabalho, maior dificuldade de relacionamentos e abuso de álcool e drogas.

Os pacientes se cobram muito, são perfeccionistas e possuem baixa resistência a frustrações. O distímico vive isolado, cansado, como se carregasse um peso sobre os ombros, e vendo a vida sem cor e sem graça.

Quem sofre distimia, possui um risco muito maior de desenvolver depressão do que a média da população e, a qualquer momento, pode apresentar agravamento dos sintomas clínicos. Ter distimia aumenta 30% a chance de ocorrer um episódio de transtorno depressivo maior.

É de fundamental importância que o tratamento se inicie já na infância e adolescência, para evitar sequelas e problemas sociais, escolares e ocupacionais.

Depressão e transtornos emocionais no pós-parto

Há vários transtornos psiquiátricos associados ao período pós-parto (chamado na medicina de período puerperal). No puerpério, há diversas alterações nos níveis de hormônios sexuais da mulher, principalmente na ocitocina e no eixo de regulação de uma importante área cerebral: o hipotálamo-hipófise.

Não é necessário entender as particularidades dessas alterações, apenas saber que elas afetam os neurotransmissores cerebrais que definem a origem dos sintomas depressivos. A mulher, nesse período, apresenta importantes alterações nos níveis e na ação da serotonina, tornando-se uma ocasião com alto risco de depressão. Com a serotonina baixa, a janela da depressão está aberta.

Além disso, o puerpério é marcado por mudanças psicossociais relevantes, como a necessidade de uma reorganização total da vida da mulher e a adaptação à nova função materna. Há um aumento de responsabilidade, cobrança e necessidade de cuidar de um ser indefeso. Muitas vezes, isso acontece sem nenhuma experiência prévia. Além disso, a mulher sofre privação de sono, isolamento social e cobranças de amigos e familiares para ser sempre uma mãe perfeita.

Todos esses fatores em conjunto aumentam o risco de depressão nesse período da vida da mulher. O risco de depressão pós-parto é de 15% após cada gestação, dependendo tanto das predisposições hormonais quanto das psicológicas.

Há três transtornos mentais comuns no puerpério: disforia puerperal, depressão pós-parto e psicose puerperal.

A disforia puerperal ou *blues* puerperal afeta quase 50% das mulheres nos primeiros dias após o parto. Alguns dias após o parto, elas apresentam muita sensibilidade à rejeição e choram com facilidade, embora esse choro não tenha relação com sentimento de tristeza. Os sintomas atingem o pico no quarto ou quinto dia após o parto e regridem de forma espontânea após duas semanas. Ao contrário da depressão pós-parto, os sintomas vão sumindo espontaneamente. Além dos sintomas que citamos, há irritabilidade e comportamento hostil com familiares. Esses quadros não necessitam de tratamento com medicamentos, mas de suporte emocional adequado e compreensão de todos os envolvidos nos cuidados do bebê.

A depressão pós-parto é um quadro clínico mais grave do que o *blues* puerperal. Geralmente, inicia entre duas e três semanas após o parto, produzindo humor deprimido (tristeza contínua), perda de prazer e interesse nas atividades, perda de apetite, sensação de fadiga, lentidão ou agitação, sentimento de inutilidade ou culpa, dificuldade de memória e concentração e até mesmo pensamentos de morte ou suicídio.

Frequentemente, as mulheres também apresentam sintomas ansiosos ou de transtorno obsessivo compulsivo (TOC). São casos que requerem, além da necessidade de tratamento psicológico, o uso de medicamentos.

Os fatores que aumentam o risco de depressão pós-parto são: histórico de depressão antes da gravidez, eventos de vida estressantes, pouco suporte social, problemas financeiros, história de relacionamento conjugal ruim, baixa autoestima e surgimento, logo no início da gestação, de sintomas de *blues* puerperal. Por outro lado, mulheres otimistas, com boa autoestima, relação conjugal estável, bom suporte social e adequada preparação psicológica apresentam menor risco de apresentar a doença.

A depressão pós-parto é um quadro sério porque sucede importantes repercussões na relação da mãe com o bebê, na qualidade de vida e estrutura familiar. Mães com depressão pós-parto têm maior risco de suspender a amamentação, interagem menos com seus filhos e expressam mais sentimentos negativos em relação ao recém-nascido.

Filhos de mães que tiveram depressão pós-parto sentem menos segurança afetiva, são mais distraídos e têm risco maior de atraso no desenvolvimento cognitivo.

Por último, temos a psicose puerperal, um quadro clínico extremamente grave que pode acometer a mulher após o parto. Não é tão comum, sendo observado em 0,1% a 0,2% das grávidas, mas os sintomas surgem rapidamente e se instalam já nos primeiros dias após o nascimento do bebê.

Inicialmente, a mulher fica eufórica, irritada, falando muito, agitada e insone. Depois, apresenta delírios (ideias falsas sobre a realidade), alucinações e comportamento desorganizado, podendo, inclusive, chegar à confusão mental.

O desfecho mais grave desse quadro é o risco de a mãe atentar contra a vida da criança, uma vez que, em alguns casos, ela pode desenvolver pensamentos distorcidos; pensamentos de que a criança tem problemas graves, poderes especiais ou está possuída são comuns. Pode ainda sentir intensa rejeição pela criança.

Mães com histórico de transtornos psicóticos ou transtorno bipolar têm maior risco de desenvolver o quadro. Devido à gravidade, o tratamento requer internação hospitalar e separação de mãe e bebê até a melhora completa dos sintomas.

Depressão sazonal

Esse é um tipo de depressão mais raro no Brasil, pois acontece mais com pessoas que vivem em países com estações do ano bem definidas.

Nesse quadro, os pacientes começam a apresentar sintomas depressivos intensos durante o outono e inverno e melhoram na primavera e verão. A depressão tende a se repetir nesses mesmos períodos todo ano.

Em geral, os acometidos pela doença dormem por mais tempo no inverno e têm grande dificuldade em acordar pela manhã. Além disso, passam a comer de maneira desorganizada (principalmente doces e chocolates) e pioram seu convívio social e ocupacional. Essa depressão está relacionada às alterações na transmissão da melatonina (um neurotransmissor que regula o sono e tem conexão com luminosidade) e diminuição da serotonina.

Apesar de mais comum no inverno, essa depressão não necessariamente acontece sempre nesse período, podendo ocorrer com pessoas que passam muitos dias em ambientes fechados, sem claridade ou reclusas em casa devido a doenças, limitações físicas ou por motivo de trabalho.

Depressão com sintomas psicóticos

A depressão com sintomas psicóticos é o tipo mais grave da doença. Mesmo não sendo tão comum (10% das depressões), é muito importante compreender esse quadro porque apresenta elevado índice de suicídio e risco para o paciente e seus familiares.

Estão normalmente presentes os sintomas habituais de depressão: perda de prazer e energia, falta de humor, dificuldades cognitivas, insônia e agitação. Somados a esses, temos alguns sintomas psicóticos extremamente graves e limitantes:

- Delírios: sensação de perseguição, convicção de uma nova identidade ou ideias de ser uma pessoa extremamente inútil ou condenada à morte.
- Alucinações: é comum escutar vozes, ter a sensação de ouvir os próprios pensamentos, receber ordens mentais para se matar, ver vultos ou outras visões estranhas e ter sensações táteis ou auditivas que não são reais.
- Agressividade e impulsividade.

É muito importante compreender que, para o paciente, as sensações são reais. Logo, julgamentos ou tentativas de provar que os fatos são construções da mente se mostrarão extremamente infrutíferos.

Outro ponto que precisamos considerar é que, em alguns casos, o paciente apresenta delírios místicos ou religiosos. Pode ter a falsa ideia de que é um profeta, que possui um dom especial ou tem uma missão extraordinária dada por Deus. Esses casos não são consequências de opressão ou possessão demoníacas, mas causados por problemas no cérebro que provocam um "curto-circuito", levando a pessoa a ter sintomas depressivos extremamente graves.

Após o tratamento adequado, os sintomas depressivos e psicóticos regridem consideravelmente, a ponto de o paciente voltar à realidade e ter suas funções emocionais reconstituídas.

É comum confundir esse tipo de depressão com doenças como a esquizofrenia, mas, ao contrário desta, os sintomas da depressão psicótica retrocedem completamente e possuem menos tendência a ser persistentes e duradouros. Para tratar depressão psicótica, são usados medicamentos antipsicóticos e antidepressivos.

Depressão bipolar

O transtorno bipolar é um quadro muito confundido com a depressão comum (ou depressão unipolar). Como o próprio nome sugere, a doença é marcada por momentos polarizados ou intercalados de euforia e depressão. As fases de euforia são denominadas, na psiquiatria, de "mania"; quando são menos intensas, chamamos de "hipomania".

Como o paciente bipolar apresenta momentos de depressão, é muito importante que quem o esteja aconselhando ou ajudando saiba identificar possíveis sinais de bipolaridade.

Os episódios de mania (euforia) e depressão alteram o humor, os pensamentos, desejos e sentimentos, ocasionando comportamentos desagradáveis, destruindo relacionamentos e causando instabilidade no trabalho. Na fase de euforia, dificilmente o paciente procura ajuda, porque se sente a melhor pessoa do mundo, com uma incrível sensação de bem-estar.

Basicamente, o indivíduo com depressão comum apresenta apenas sintomas depressivos (humor para baixo), enquanto, em caso de bipolaridade, os períodos de depressão se alternam entre euforia (humor para cima) e irritabilidade.

É comum pessoas apresentarem períodos de oscilação de humor em razão das fases ou situações que estão vivendo. No livro de Salmos, por exemplo, vemos constantemente os salmistas ora afirmando que estavam alegres e confiantes em Deus, ora expressando angústia, medo e aflição. Essas oscilações de humor eram normais e condizentes com a realidade que estavam vivendo.

No caso do transtorno bipolar, as variações de humor são intensas e desproporcionais às situações vividas pelo paciente, gerando episódios depressivos graves, problemas nos relacionamentos, dificuldades escolares e tentativas de suicídio. Apesar disso, o transtorno bipolar pode ser tratado com excelentes resultados, permitindo que os portadores levem uma vida absolutamente normal.

O transtorno bipolar tipo I (mania mais grave) afeta em torno de 1% da população, enquanto o transtorno bipolar tipo II (hipomania, euforia menos intensa) atinge 5%. Há pessoas depressivas que apresentam traços, características menos intensas ou apenas alguns sintomas de bipolaridade. Esses casos são chamados de espectros bipolares. Podem acometer uma parcela muito maior da população e são um grande desafio para o tratamento adequado.

O transtorno é mais comum em mulheres, sendo mais diagnosticado entre 18 e 40 anos de idade. Entretanto, podem ocorrer quadros de transtorno bipolar que se iniciam na infância, após os 40 anos ou durante a velhice.

Às vezes, a oscilação de humor não é reconhecida como doença e pode fazer que as pessoas sofram por anos antes de serem corretamente diagnosticadas e tratadas.

A depressão comum pode ou não ser crônica, permitindo o tratamento por um período determinado. Já pacientes com transtorno bipolar devem ter acompanhamento psiquiátrico pelo resto da vida. O tratamento faz que o humor fique estável, sem fases de euforia ou depressão, possibilitando bom funcionamento social e ocupacional.

O transtorno bipolar tem como causas fatores biológicos (alterações dos níveis de neurotransmissores e hormonais) e fatores psicológicos (é mais comum em pessoas com histórico familiar de estresse, abuso sexual ou experiências traumáticas). É uma doença com alta carga genética, sendo muito comum que existam famílias com elevado número de casos.

A doença parece um defeito na calibragem emocional do cérebro, fazendo que o paciente alterne entre depressão e euforia durante um dia, semanas ou até meses. Normalmente, as fases de depressão são mais longas e comuns do que os episódios de euforia.

Durante a fase de mania ou hipomania (menos intensa), os sintomas mais comuns são:

1) Aumento de energia: o paciente se sente com muita energia; por isso, não vê necessidade de descansar, podendo trabalhar por horas seguidas sem apresentar fadiga. Pode virar a noite limpando a casa, desenvolvendo algum projeto ou simplesmente ouvindo música. É comum nesses casos que cristãos mais fervorosos passem noites em claro orando, como se estivessem experimentando um grande avivamento espiritual. Às vezes, o paciente pode ficar extremamente inquieto, acelerado e agitado.

2) Humor exaltado ou irritado: o paciente pode se tornar exageradamente alegre. Ele se sente a melhor pessoa do mundo, mostrando otimismo, felicidade e uma incrível sensação de bem-estar. Em algumas pessoas, em lugar do humor exaltado, pode ocorrer humor irritado, fazendo que permaneçam na fase de mania extremamente irritada, agressiva e impulsiva. Mesmo aqueles que não têm histórico de agressividade podem ficar impulsivos nessa fase.

3) Pensamentos extremamente rápidos: devemos entender que nessa fase o cérebro do paciente está acelerado além

do normal. Por isso, ele não para de falar, sente que sua mente está a todo vapor e muda de assunto em questão de minutos.

4) Distração: a mente acelerada faz que o paciente não consiga se concentrar em nada, nem mesmo no assunto sobre o qual estão conversando com ele.

5) Insônia: um dos primeiros sinais de que o paciente está entrando na fase de euforia é a dificuldade de dormir. Ele pode ter insônia total ou dormir poucas horas; mesmo assim, se sentirá com energia suficiente para encarar o outro dia.

6) Sentimentos de grandeza: o paciente se sente, às vezes, com um talento especial, quer fazer vários negócios, compra coisas sem poder pagar e tem ideias megalomaníacas. Alguns cristãos nessa fase podem agir como se fossem profetas ou como alguém que recebeu um dom ou chamado especial de Deus. O paciente não consegue perceber que seus planos e sonhos são exagerados e totalmente fora de suas possibilidades.

7) Gastos compulsivos: a euforia e o sentimento de grandeza fazem que o paciente compre ou invista valores que geram endividamento com frequência.

8) Aumento da libido: o paciente apresenta na fase de euforia um desejo sexual muito intenso, o que pode levá-lo até mesmo a ter envolvimento sexual com pessoas desconhecidas.

9) Comportamento provocativo, sedutor ou intrusivo: na fase de euforia, o paciente se comporta de forma inadequada, com excesso de liberdade, com atitudes jocosas, intrometendo-se em conversas alheias e, às vezes, com insinuações sedutoras.

10) Abuso de álcool e drogas: os pacientes têm um risco três vezes maior de abusar de álcool e outras drogas, principalmente na fase de euforia. Isso agravará ainda mais a doença.
11) Ausência total de percepção sobre seu estado de saúde: o paciente na fase de euforia normalmente recusa o tratamento por não reconhecer que está doente. É de fundamental importância que amigos e familiares o conduzam ao tratamento.

Um episódio de mania é diagnosticado quando o estado de humor exagerado ocorre com três ou mais sintomas que descrevemos anteriormente, na maior parte do dia, quase todos os dias, em torno de uma semana ou mais. Na hipomania, os sintomas de euforia são menos intensos, mas geram prejuízos ocupacionais e sociais.

O polo depressivo do transtorno bipolar é a fase mais persistente. É comum o paciente apresentar vários episódios depressivos sem nenhum episódio de mania ou hipomania. Entretanto, em algum momento da doença, os sintomas de euforia irão surgir, caracterizando o transtorno bipolar.

Os sinais e sintomas da fase depressiva do transtorno bipolar são:

1) sentimento de tristeza ou pessimismo;
2) ansiedade ou sensação de vazio;
3) sentimento de culpa, falta de esperança ou confiança em si mesmo;
4) perda de interesse e prazer;
5) diminuição de energia;
6) dificuldade de atenção, concentração e memória;
7) agitação e irritabilidade;
8) falta de sono ou dormir demais;

9) aumento ou perda de apetite;
10) dor crônica de origem psicossomática; e
11) pensamentos de suicídio.

Como visto, os sintomas do episódio depressivo no transtorno bipolar são muito parecidos com os da depressão comum. Contudo, pessoas com depressão recorrente que não melhoram com antidepressivos, com história familiar de transtorno bipolar e depressão desde a adolescência apresentam maior chance de que sua depressão seja bipolar do que unipolar (depressão comum).

O bipolar tipo II apresenta a mania mais branda, chamada hipomania. Sem tratamento adequado, a hipomania pode se tornar mania severa ou virar para o polo depressivo da doença.

Algumas vezes, episódios graves de mania ou depressão podem resultar em sintomas de psicose (sintomas psicóticos). Por essa razão, o transtorno bipolar era chamado no passado de psicose maníaco-depressiva (PMD).

Sintomas psicóticos comuns incluem alucinações e delírios — ouvir, ver ou sentir a presença de coisas que não estão ali e falsas crenças não causadas pelo pensamento racional ou explicadas pelos conceitos culturais. Algumas pessoas que apresentam surtos psicóticos recorrentes ao longo da vida podem, na verdade, ter transtorno bipolar e estão sendo erroneamente classificadas como esquizofrênicas.

Apesar de ter um problema psiquiátrico, o portador de transtorno bipolar pode aparentar ser apenas uma pessoa problemática, sistemática ou de difícil relacionamento. Bipolares também apresentam um risco muito maior do que a média da população de usar álcool, cigarro e drogas.

Alguns bipolares passam longos períodos sem apresentar episódios depressivos ou de euforia, permanecendo assintomáticos (eutímicos). Todavia, isso não quer dizer que esteja curado, podendo a depressão ou a mania reaparecer a qualquer momento.

Por outro lado, alguns bipolares apresentam múltiplos episódios de mania, hipomania ou depressão em uma mesma semana ou em um mesmo dia. Esse ciclo rápido tende a se desenvolver quando a doença está mais grave e sem tratamento, sendo mais comum em mulheres do que em homens.

Pessoas com transtorno bipolar podem levar uma vida saudável e produtiva se tratadas efetivamente. O tratamento normalmente envolve o uso de medicamentos chamados estabilizadores de humor. Quanto mais cedo se inicia o tratamento, melhor o prognóstico e o resultado terapêutico.

Depressão em idosos

A depressão é um dos transtornos emocionais que mais atingem os idosos. A prevalência da doença e como ela se apresenta podem variar de acordo com a situação vivida pelo paciente.

Entre idosos que vivem com a família e estão inseridos na comunidade, a prevalência de sintomas depressivos gira em torno de 15% da população. Esse número pode dobrar quando deparamos com idosos institucionalizados, que estão em casas de repouso ou asilos. Em pacientes hospitalizados por problemas de saúde, a prevalência da depressão chega a quase 50%.

A depressão na terceira idade se manifesta em dois grupos:

- Idosos que nunca tiveram depressão e passam a ter.
- Idosos que já tiveram depressão ao longo da vida.

No primeiro caso, o componente hereditário é menor, e a doença está muito mais relacionada a dificuldades trazidas pelo envelhecimento, tais como: problemas cognitivos e quadros demenciais, perda de papel social e limitações trazidas por doenças físicas.

Já o segundo grupo envolve pacientes cujo histórico nos remete a quadros depressivos prévios, tratados ou não, e que podem apresentar características de cronificação (ou seja, depressão que já aconteceu ao longo da vida e pode piorar ou voltar na terceira idade).

Clinicamente, uma das principais diferenças entre a depressão que atinge os idosos e a depressão que afeta os mais jovens são as queixas somáticas (sintomas físicos), muito mais intensas e frequentes nos mais velhos.

Os sintomas depressivos nesse grupo podem envolver dores pelo corpo, falta de apetite, insônia, perda de energia para realizar as tarefas do dia a dia, sendo a tendência ao isolamento e a apatia importantes sinais de alerta para a identificação da doença. O idoso, principalmente no início do quadro depressivo, não exterioriza os sintomas depressivos mais clássicos, como tristeza, angústia e crises de choro. Em geral, o quadro de depressão no idoso é menos evidente.

A depressão é uma doença cada vez mais diagnosticada nos idosos. Em muitos casos, porém, a própria família subestima os sintomas, achando que são manifestações normais da idade.

Não se aceita ou tolera um jovem triste ou sem prazer, mas muitos acreditam que esses sintomas são normais e aceitáveis no idoso. É um preconceito que deriva da ideia de que o idoso é visto como alguém não produtivo ou desprovido da possibilidade de ter atitude, iniciativa para realizar coisas novas e prazer.

Idosos que já tiveram depressão ao longo da vida, que possuem casos na família, que apresentam doenças clínicas com histórico de internações e que possuem déficits sensoriais (deficiência auditiva ou visual) têm um risco muito maior de apresentar sintomas depressivos.

Em alguns casos, os problemas de memória são as principais queixas apresentadas por idosos com depressão. Muitos até pensam que estão com demência de Alzheimer. Nesses casos, quando se trata adequadamente a depressão, a memória do idoso volta ao normal, descartando-se a hipótese de um quadro demencial. Todo idoso com piora em sua memória deve ser avaliado quanto à possibilidade de ter depressão, não somente demência.

Como dito anteriormente, os sintomas físicos também são muito comuns em idosos. Em alguns casos, é comum apresentarem dor no peito, dor abdominal, formigamento, tontura, fadiga, falta de ar etc. Chegam a fazer vários exames que não evidenciam nenhuma doença. Nesses casos, a família rotula o idoso de ter "mania de doença" e não percebe que essas queixas podem estar relacionadas à depressão.

Por outro lado, os sintomas depressivos também podem ser consequências fisiológicas de outra doença. Algumas enfermidades frequentemente apresentam-se como manifestações de sintomas depressivos: doença de Parkinson, demência de Alzheimer, falta de vitamina B12, acidente vascular cerebral, hipo ou hipertireoidismo, câncer de pâncreas, lúpus, infecções virais e inúmeras outras. Dessa forma, todo idoso com depressão deve fazer um *checkup* clínico completo para verificar a presença dessas e outras doenças.

Pacientes com problemas vasculares, sobretudo diabéticos e hipertensos, também apresentam um risco maior de desenvolver depressão na terceira idade.

Não há provas de que a depressão possa levar à demência. No entanto, em muitos casos, antes do surgimento de um quadro demencial (como o Alzheimer), o paciente apresenta vários sintomas depressivos meses ou anos antes da piora da memória. Da mesma forma, é muito frequente que pacientes que tenham demências desencadeiem depressão, e essas duas enfermidades caminhem juntas no idoso.

Na terceira idade, a depressão traz várias consequências. O idoso passa a não cuidar adequadamente da saúde, não toma os medicamentos de acordo com a prescrição médica, apresenta baixa imunidade, não convive socialmente e pode até apresentar pensamentos suicidas.

Como normalmente o idoso não percebe ou se recusa a aceitar tratamento psiquiátrico, é muito importante que a família seja a principal responsável por perceber os sintomas e conduzir o paciente ao tratamento adequado. Isso aumentará sua sobrevida e qualidade de vida.

Depressão em crianças e adolescentes

A depressão em crianças e adolescentes tem aumentado significativamente. Estima-se que em torno de 2% das crianças e 10% dos adolescentes apresentem sintomas depressivos relevantes.

Vinte e cinco por cento dos adultos afirmam que tiveram os primeiros sintomas de depressão antes dos 18 anos. Apesar disso, a depressão nas crianças e nos adolescentes costuma ser negligenciada e não tratada. Por conta disso, infelizmente, a taxa de suicídio em crianças e adolescentes tem aumentado muito nos últimos anos.

A depressão prejudica o desenvolvimento escolar, afetivo e relacional das crianças, produzindo sequelas que podem persistir por toda a vida.

Em relação aos fatores de risco, normalmente a depressão na infância e adolescência está relacionada a fatores genéticos ou estresse emocional vivenciado pela criança. Em crianças pré-escolares (até 7 anos), os sintomas mais comuns são as dores físicas. É comum sentir dores frequentes e inespecíficas (como dor de cabeça e de barriga). Em 70% dos casos de depressão nessa faixa etária, as crianças manifestam queixas físicas de fundo emocional. Outros sintomas comuns são perda de prazer em brincar e ir à escola, ansiedade, retraimento social, hiperatividade, irritabilidade, perda de apetite e dificuldades para dormir.

Em crianças escolares (entre 7 e 10 anos de idade), a tristeza já é mais verbalizada. A criança consegue descrever esse sentimento, além de irritabilidade e tédio. Nessa idade, é comum choro fácil, desânimo, isolamento dos amigos e dificuldade de aprendizagem escolar. Podem ocorrer dificuldade de concentração, aumento da ansiedade e, em alguns casos, a criança passa a manifestar desejo de morrer.

A baixa autoestima pode ser um dos primeiros sinais de depressão na infância, bem como a dificuldade de relacionamentos com amigos e familiares. É comum a criança dizer que os colegas não gostam dela ou que não tem amigos. As queixas somáticas (dores) são menos frequentes.

Em escolares e pré-escolares, é muito importante que os pais observem as informações fornecidas pelos professores e estejam mais atentos a mudanças de comportamento dos filhos. Por causa da dificuldade de verbalizar, é muito difícil que a própria criança expresse de maneira adequada os sintomas depressivos.

A depressão em adolescentes apresenta sintomas muito parecidos com a depressão de adultos. Entretanto, o quadro traz algumas particularidades. Os adolescentes com depressão nem sempre estão tristes. Podem ficar irritados, instáveis, com crises de agressividade e raiva. O que normalmente é visto como rebeldia pode ser o início de sintomas depressivos.

Adolescentes deprimidos podem abusar de álcool, drogas, ter baixa autoestima, insônia, perda de peso e, em alguns casos, podem machucar a si mesmos (cortar os braços com lâminas ou objetos cortantes). Em casos mais graves, o humor se torna deprimido na maior parte do tempo, surgindo um quadro muito parecido com o de adultos.

Adolescentes têm um risco alto de suicídio. Dessa forma, todo relato de pensamentos de morte não deve ser visto como manipulação ou tentativa de chamar a atenção, mas como um indicativo importante e que demanda cuidados médicos e psicológicos. Também são comuns os sentimentos de medo, desesperança e culpa, isolamento e problemas graves de comportamento.

As causas da depressão em crianças e adolescentes são genéticas e psicossociais. Normalmente, crianças com depressão grave apresentam história de depressão na família. Ter um dos pais com depressão aumenta em três vezes o risco de uma criança também ter depressão. Abuso físico, sexual, emocional, *bullying*, morte dos pais, amigos ou familiares aumentam o risco de depressão infantil.

É comum crianças com depressão apresentarem outros problemas emocionais, como transtorno de pânico, de ansiedade generalizada e transtorno obsessivo-compulsivo (TOC). Quanto mais cedo se inicia o tratamento, melhor é a resposta clínica e a evolução, evitando-se sequelas comportamentais.

13

Não deixe de ir ao médico

Tome também um pouco de vinho, por causa do seu estômago e das suas frequentes enfermidades.

(1Timóteo 5.23)

A Bíblia, de maneira alguma, proíbe ou recomenda que o cristão não vá ao médico. Paulo, ao ver que seu discípulo Timóteo estava doente, recomendou-lhe que tomasse o remédio disponível na época: um pouco de vinho.

Como temos dito, muitos cristãos tendem a protelar a ida ao consultório médico por preconceito, medo ou receio de que tomar medicamentos indique falta de fé. Para quebrar esses tabus, falarei um pouco de como é feito o diagnóstico da depressão e porque é importante usar os medicamentos antidepressivos.

O diagnóstico da depressão é clínico e não precisa de exames complementares

O diagnóstico da depressão é feito de maneira estritamente clínica, sendo de fundamental importância que o paciente faça uma boa entrevista com o médico assistente. A psiquiatria, área responsável pelo cuidado e tratamento de doenças dessa área, é uma especialidade na qual a maioria das doenças é diagnosticada pela entrevista médica. Os exames complementares, de sangue ou de imagem (ressonância magnética ou tomografia), são solicitados apenas quando há a desconfiança de que outras doenças estejam causando sintomas parecidos com os da depressão ou nos casos em que há a necessidade de se fazer diagnóstico diferencial.

Não há exames bioquímicos de sangue que meçam a quantidade de serotonina ou outros neurotransmissores no cérebro. A serotonina colhida no sangue periférico não representará adequadamente a sua concentração no cérebro. Dessa forma, medi-la pode trazer resultados falsos positivos e falsos negativos.

Alguns exames de imagem mais modernos e sofisticados mostram alterações no cérebro de alguns pacientes deprimidos. No entanto, em geral, eles são adotados em centros de pesquisa médica avançados. Essas alterações nem sempre são específicas da depressão, de modo que as imagens devem ser analisadas conjuntamente com os sintomas clínicos do paciente.

Os medicamentos antidepressivos precisam ser metabolizados ou excretados pelo fígado e rins. Por isso, em certos casos, são solicitados exames para medir o correto funcionamento desses órgãos, sobretudo em pacientes idosos. Caso o paciente apresente alterações no funcionamento hepático ou renal, muitos remédios não poderão ser usados ou deverão ter suas doses ajustadas. Em outros casos, são solicitados exames como hemograma (para descartar anemias), hormônios da tiroide e outros, visando identificar doenças que apresentam certos sintomas que simulam um quadro depressivo leve. Por exemplo, um paciente com hipotireoidismo (baixo funcionamento da tireoide) pode apresentar apatia, cansaço e perda de iniciativa, fazendo que venha a ser tratado erroneamente por depressão.

Não há a necessidade de medir rotineiramente vitaminas e minerais em pessoas com queixas de depressão. Deficiências de vitaminas são extremamente raras e dificilmente podem simular ou causar sintomas depressivos. Do mesmo modo, fazer uso de vitaminas e minerais é desnecessário na maior parte dos casos. As vitaminas com maior prevalência de alterações são a vitamina B12 e a vitamina D, ou seja, são as solicitadas rotineiramente em consultas psiquiátricas.

A depressão pode estar associada a outras doenças

A depressão normalmente é um transtorno mental primário e isolado, mas também pode estar associada a outras doenças, como hipotireoidismo, tuberculose, diabetes, lúpus, anemia, esclerose múltipla, infecções crônicas, artrite reumatoide, epilepsia, hepatite, aids e outras. Quem tem o diagnóstico dessas doenças, tem maior possibilidade de apresentar sintomas depressivos.

Outros quadros clínicos apresentam sintomas de depressão em seus estágios iniciais, podendo confundir o diagnóstico. Isso é comum em doenças como demência de Alzheimer e doença de Parkinson.

Pacientes acometidos de doenças graves (como infarto do miocárdio), internações prolongadas ou tratamentos prolongados também apresentam maior risco de depressão. Dessa forma, pessoas que têm necessidade de permanecer em hospitais por muito tempo correm um risco altíssimo de desenvolverem sintomas depressivos.

Vários medicamentos usados para o tratamento de enfermidades clínicas podem desencadear sintomas depressivos pelo efeito colateral que eles exercem no sistema nervoso central. Caberá ao médico decidir se é necessário ou não sua suspensão. Nesses casos, será avaliado o custo-benefício de continuar a usar um fármaco que esteja contribuindo para a causa ou o agravamento de um quadro depressivo.

É importante que o paciente manifeste seus sintomas sem que se sinta envergonhado ou com medo de ser julgado pelo médico que o atende. Em alguns casos, a doença está tão grave e comprometedora que impossibilita o doente de explicar de maneira coerente e verdadeira a intensidade dos sintomas. Nesses casos, é fundamental que ele vá com um acompanhante ao atendimento médico.

Outros pacientes, sobretudo nos estados iniciais da depressão, tendem a rejeitar o diagnóstico da doença ou minimizar os sintomas depressivos. A ajuda de um familiar ou amigo é imprescindível para que o paciente procure ajuda médica. É necessário tratar a depressão desde o aparecimento de seus sintomas iniciais mais leves. Protelar o tratamento fará que a doença se torne cada vez mais grave e de difícil abordagem terapêutica. Tempo perdido é perda de qualidade de vida e comprometimento social e ocupacional.

O tratamento da depressão com medicamentos é eficaz e seguro

O tratamento medicamentoso da depressão é muito eficaz e necessário para a maioria dos pacientes. Se possível, ao longo do tratamento, deve ser associado às medidas de suporte emocional e espiritual. A melhora clínica apresentada possibilitará ao deprimido melhor resultado psicoterápico e melhor percepção das suas necessidades espirituais.

Como exposto anteriormente, os medicamentos não devem ser vistos pelo cristão como sinal de fracasso, falta de fé ou falta de comunhão com Deus. Antidepressivos são tão importantes quanto medicamentos para hipertensão, diabetes, distúrbios da tireoide ou qualquer outra doença, e muitos chegam ao tratamento psiquiátrico com depressões graves porque houve negligência ao longo de meses ou anos. Essa negligência leva a prejuízos familiares, financeiros, sociais e ocupacionais que, em um bom número de casos, geram consequências persistentes ou definitivas.

Para o tratamento medicamentoso da depressão são utilizados medicamentos chamados antidepressivos. Explicando resumidamente, eles atuam aumentando a disponibilidade dos neurotransmissores (principalmente serotonina, noradrenalina e dopamina) no cérebro. Os antidepressivos são medicamentos seguros, mesmo se utilizados por longo prazo. Além de melhorarem a qualidade de vida e a remissão dos sintomas depressivos, proporcionam redução significativa no risco de suicídio.

A respeito desses medicamentos, algumas considerações importantes e práticas devem ser feitas:

1) Os antidepressivos precisam de alguns dias de latência para fazer efeito. Normalmente demoram duas a três semanas para melhorarem os sintomas. O paciente deve ter paciência e esperar os efeitos benéficos.

2) Nos primeiros dias, são comuns os efeitos colaterais da medicação. O paciente pode pensar que está piorando em vez de melhorar. Normalmente, esses efeitos colaterais duram até sete dias e depois cessam completamente em quase todos os pacientes. Os efeitos colaterais, na maioria, não são graves e permitem manter o tratamento. É comum que o paciente não espere o tempo necessário para ver os benefícios reais da medicação, desistindo precocemente nessa fase.

3) Todo antidepressivo tem uma dose considerada ideal. Não adianta usar doses menores que o prescrito pelo médico, pois isso não tratará a doença. Em muitos casos, a dose menor também não trará efeitos colaterais menores que a dose terapêutica, por isso o paciente não deverá ter medo de tomar a quantidade prescrita. Da mesma forma, podem ser necessárias doses mais elevadas de antidepressivo, o que gera medo em alguns pacientes. É importante saber que todo medicamento, antes de ir para o mercado, é exaustivamente estudado, sendo conhecida a dose máxima recomendada. Nunca o paciente deve aumentar ou reduzir a dose por conta própria.

4) O objetivo do tratamento não é melhorar um pouco os sintomas, mas curar totalmente a depressão. Esse objetivo é alcançado na maioria dos casos. O paciente e o médico não devem se contentar com uma resposta parcial ou apenas o alívio dos sintomas.

5) Antidepressivos devem ser usados por tempo adequado, e isso dependerá do tipo, intensidade e frequência da depressão. Em média, são utilizados em um período variável de seis a vinte e quatro meses, mas há casos em que bastam alguns meses de uso. A maior parte dos pacientes recupera as funções físicas e emocionais e, após esse período, não precisa mais do suporte medicamentoso.

6) Em alguns casos, o paciente usará antidepressivo para o resto da vida. Alguns casos de depressão são crônicos, recorrentes e indicam que o cérebro do paciente não consegue mais produzir adequadamente as substâncias químicas necessárias para uma vida emocional equilibrada. Isso não significa que o paciente está dependente da medicação, mas que ela é necessária para que o cérebro produza os neurotransmissores envolvidos na depressão. Alguns casos de diabetes, hipotireoidismo, glaucoma, doenças intestinais e outras também são tratados para o resto da vida, não porque o paciente é fraco ou dependente de medicações, mas porque o seu organismo já não produz sozinho o equilíbrio fisiológico necessário à saúde.

7) Há ocasiões em que, mesmo tomando a medicação, o paciente poderá apresentar recaída do quadro clínico. Isso é normalmente interpretado como se o antidepressivo perdesse o efeito ou como se o organismo se acostumasse com a medicação. Isso não é verdade: quando essa situação ocorre, é a depressão que aumentou a intensidade, ficando mais forte do que o medicamento pode controlar. Se isso acontecer, o médico deverá trocar o antidepressivo por um mais forte ou aumentar a dose do medicamento atual.

8) Ao contrário dos calmantes, antidepressivos não geram dependência ou tolerância. É comum os pacientes usarem calmantes (ansiolíticos) por longo tempo sem tratar adequadamente a depressão. Fazendo assim, ficarão dependentes deles e terão agravamento dos sintomas depressivos.

9) Não se deve fazer uso de medicamentos por conselhos da internet, de familiares, amigos ou vizinhos. Alguns tipos de depressão são parecidos em alguns pacientes, mas isso não indica que o medicamento será o mesmo.

Há particularidades nos sintomas, no organismo e na associação com outros medicamentos que fazem que um mesmo antidepressivo funcione muito bem para um paciente e não para outro. Algumas doenças contraindicam o uso de determinados antidepressivos. Uma avaliação de história prévia, doenças atuais e todos os medicamentos usados pelo paciente deve ser sempre realizada. Somente médicos podem prescrever antidepressivos.

10) O tempo máximo que se espera para resposta a uma dose inicial é de seis semanas. Caso não ocorram os resultados esperados, os antidepressivos não devem ser suspensos. Normalmente suas doses são ajustadas. A suspensão abrupta dos antidepressivos poderá ocasionar efeitos adversos (síndrome de retirada) ou recaída para sintomas mais intensos de depressão.

11) Quando se atingir o tempo correto de uso e o paciente estiver em condições psicossociais de receber alta médica, os antidepressivos devem ser retirados gradualmente ao longo de algumas semanas ou meses (dependendo da dose e gravidade). Isso é importante para verificar se o organismo "assume o controle" dos sintomas depressivos.

12) Depressões leves não necessariamente precisarão de antidepressivos. São quadros nos quais, com suporte psicoterápico e espiritual, o paciente pode apresentar remissão total dos sintomas. Entretanto, quanto mais grave a depressão, maior o benefício dos medicamentos.

13) O paciente não se adaptar a um medicamento de uma família de antidepressivo não significa que ele não se adaptará a outro medicamento da mesma classe. A resposta biológica é individual e específica para cada fármaco. Da mesma forma, existem diferentes famílias de antidepressivos, com diversas opções, caso determinado fármaco

não funcione. Antidepressivos também podem ser associados para que juntos produzam um efeito melhor do que seu uso separado.
14) Não é recomendado, principalmente no início de tratamento, que o paciente faça uso de álcool. Drogas são contraindicadas para qualquer pessoa, sobretudo os pacientes com depressão. O uso de drogas torna o quadro mais grave, resistente aos medicamentos e com maior risco de suicídio.
15) Os antidepressivos são apenas uma parte do tratamento. Nunca se deve depositar neles toda a esperança de recuperação da depressão. O cristão não deve deixar de orar, pedir a cura a Deus ou solicitar que o Espírito Santo o conforte e trate suas feridas emocionais. Da mesma forma, aconselhamento cristão e psicoterapia são extremamente necessários ao tratamento.

Os antidepressivos irão fazer seus neurônios funcionarem melhor

Não é o objetivo deste livro dar informações detalhadas de como funcionam os antidepressivos. Entretanto, algumas considerações são necessárias para que se compreenda como eles atuam no cérebro.

No capítulo de causas biológicas da depressão, verificamos que os neurônios são as principais células responsáveis pelo funcionamento do cérebro. Alguns aglomerados de neurônios formam áreas específicas responsáveis por várias funções cerebrais muito envolvidas na origem dos sintomas depressivos. Há áreas responsáveis pela atenção, memória, concentração, humor, energia, prazer, sono, apetite, desejo sexual e uma série de outras funções. Essas regiões cerebrais se comunicam e trabalham em conjunto, e, apesar de determinadas regiões terem maior especificidade, é o trabalho em harmonia que possibilita um bom equilíbrio emocional.

Para que os neurônios e as diferentes áreas cerebrais trabalhem adequadamente, são necessários impulsos elétricos e várias substâncias químicas chamadas neurotransmissores atuando conjuntamente. Os neurônios são como fios conectados uns aos outros, levando e trazendo informações, mesmo no período em que estamos dormindo. Estima-se que tenhamos 100 trilhões de conexões entre neurônios.

Para que os neurônios se comuniquem uns com os outros, a informação deve passar por um espaço entre eles chamado sinapse. O neurônio anterior (como se estivesse à esquerda do espaço) se chama neurônio pré-sináptico, e o posterior (como se estivesse à direita) é chamado de neurônio pós-sináptico. A mensagem é transmitida na sinapse entre esses neurônios por meio dos neurotransmissores. Quando um impulso elétrico chega ao final do neurônio pré-sináptico, há uma ordem para a liberação ou ação de neurotransmissores para que a informação chegue adequadamente no neurônio pós-sináptico. Os neurotransmissores são os mensageiros cerebrais.

Existem receptores (verdadeiros botões) tanto nos neurônios pré-sinápticos quanto nos neurônios pós-sinápticos, e os neurotransmissores liberados grudam nesses botões para transmitir a informação necessária.

O neurotransmissor, ao acoplar nesses receptores presentes na membrana do neurônio, influencia a síntese e a liberação dele mesmo ou de outros neurotransmissores, fazendo que o processo sempre seja dinâmico e retroalimentado. Depois de fazerem seu trabalho, os neurotransmissores podem ser captados pelos neurônios por meio de verdadeiras "bombas", chamadas bombas de recaptação, para serem destruídos ou posteriormente reutilizados.

Quando não é guardado, o neurotransmissor é destruído por enzimas (um tipo de proteína) que ficam dentro dos neurônios.

Esse é um processo complexo que evidencia a sabedoria de Deus nos detalhes. O cérebro manifesta a glória de Deus!

Com essa resumida informação, podemos ver várias funções que os antidepressivos podem desempenhar:

1) Podem aumentar a produção, o armazenamento ou inibir a destruição dos neurotransmissores.
2) Podem aumentar a liberação dos neurotransmissores nos neurônios pré e pós-sinápticos.
3) Podem bloquear a bomba de recaptação, fazendo que fique uma maior quantidade de neurotransmissores nas sinapses.
4) Podem apertar os botões, total ou parcialmente, presentes nas extremidades dos neurônios, influenciando a ação e liberação dos neurotransmissores.

Em resumo, podemos dizer que os medicamentos trabalharão nos neurônios para que os neurotransmissores aumentem em quantidade ou melhorem o potencial de ação. Esses neurotransmissores são como combustíveis para o cérebro. O paciente com depressão pode ser uma verdadeira "Ferrari", mas não poderá sair do lugar sem combustível.

Os principais medicamentos antidepressivos atuam para que a concentração dos neurotransmissores serotonina, dopamina e noradrenalina aumentem no cérebro. Há medicamentos que atuam em mais de um neurotransmissor, e isso pode trazer benefícios ou malefícios. Aumentando os neurotransmissores nas diferentes regiões do cérebro, temos melhora dos sintomas depressivos relacionados a essas áreas.

Em termos de efeitos colaterais e terapêuticos, cada pessoa responde de maneira diferente a determinados medicamentos, porque existem variações genéticas que fazem que o cérebro se relacione quimicamente com cada substância de forma distinta. No futuro — e já existem pesquisas sobre isso em andamento — teremos medicamentos específicos de acordo com a genética do paciente.

Como são medicamentos conhecidos há muito tempo, os antidepressivos são extremamente seguros. Assim, não deixe de procurar ajuda psiquiátrica ao perceber que os sintomas depressivos estão afetando a vida social, laborativa ou acadêmica de uma pessoa próxima ou a sua mesmo.

14

Um psicólogo será instrumento de Deus

Pois do interior do coração dos homens vêm os maus pensamentos.

(Marcos 7.21)

Pode o cristão fazer terapia? Procurar um psicólogo é sinal de falta de confiança em Deus como conselheiro? Para responder a essas perguntas, vamos entender melhor o que é a psicoterapia.

A depressão provoca comportamentos diversos de autossabotagem e deixa diferentes pontos cegos nos pacientes. Logo, o conselho e a ajuda técnica de um profissional são fundamentais para a recuperação do paciente.

A psicoterapia é um dos principais tratamentos para a depressão. Ela está baseada na estrutura da personalidade e do comportamento das relações interpessoais, em que um profissional, o psicoterapeuta, ajuda o paciente a aliviar ou a melhorar as condições de vida do indivíduo com depressão e a compreender os mecanismos emocionais que estejam contribuindo para uma ausência de saúde emocional.

Certa vez falei em um congresso sobre a importância de um cristão ir a um terapeuta em busca de suporte para tratar a depressão. Escutei de um pastor que isso não seria necessário e que a Bíblia seria suficiente para tudo.

A psicoterapia ainda é vista com muito preconceito, e muitos jovens são desaconselhados a estudar psicologia sob o argumento de que ficarão "humanizados" ou mesmo que se "desviarão do evangelho". Essa visão, ainda hoje, faz que muitos cristãos, por puro preconceito, acreditem que fazer terapia seja sinal de falta de fé, falta de confiança em Deus ou necessidade de pessoas fracas e despreparadas.

Psicoterapia é importante para todo paciente com depressão

Podemos afirmar que todo paciente com depressão se beneficia de psicoterapia, e nem sempre será necessário o tratamento farmacológico. Quadros depressivos leves podem ser tratados sem intervenção medicamentosa.

Vimos anteriormente que os medicamentos atuam apenas na dimensão biológica, de modo que a psicoterapia é uma ferramenta necessária para que se compreendam os mecanismos, causas e consequências dos processos emocionais envolvidos na depressão.

Psicoterapia e tratamento medicamentoso são ferramentas que, quando associadas, produzem resultados superiores do que quando utilizadas isoladamente. Vários estudos demonstram que os pacientes que tomam antidepressivos associados à psicoterapia têm uma taxa de remissão e cura maior do que pacientes que usam apenas os antidepressivos. Por outro lado, pacientes com sintomas depressivos que comprometem suas atividades laborativas, acadêmicas e sociais apresentam melhor resultado psicoterápico se usarem medicação que traga alívio dos sintomas.

A psicoterapia pode ser exercida por psicólogos, psicanalistas ou psiquiatras. Normalmente, ela envolve sessões semanais de cinquenta minutos e sem prazo determinado para término do tratamento. É importante compreender que a psicoterapia não faz nem promete milagres. Ela produz resultados após longo prazo e requer assiduidade e participação do paciente. A duração do tratamento dependerá do quadro clínico, da estrutura emocional e do envolvimento do paciente no processo terapêutico.

A psicoterapia aponta causas e soluções

Os objetivos gerais de qualquer técnica psicoterápica visam fazer que o paciente possa entender possíveis causas para seu quadro depressivo, desenvolver estratégias para agir de acordo com elas, solucionar problemas específicos que estejam causando sofrimento emocional e restabelecer o funcionamento psicológico pleno.

Não há um tipo de psicoterapia que seja superior à outro. Qualquer técnica aplicada por profissional qualificado produzirá resultados. Entretanto, os pacientes podem, devido à sua estrutura de personalidade, se adaptar melhor a uma linha terapêutica do que a outra.

Nas primeiras sessões de tratamento, é construída a relação entre o psicoterapeuta e o paciente, são identificados possíveis fatores causais da depressão, é feita uma avaliação da história pessoal e familiar e procura-se definir o nível de funcionalidade que o paciente apresenta em decorrência da doença.

Cabe ao terapeuta propor mudanças de ambiente nas atividades do dia a dia do paciente, o que não deve ser visto como uma interferência em sua individualidade. Uma vez que a depressão distorce significativamente a maneira pela qual o deprimido vê a realidade externa, ele pode ser incapaz de compreender os fatores estressores que possam estar envolvidos na origem do seu quadro clínico. Em alguns casos, pequenas sugestões de atividades manuais, recreativas ou de lazer podem trazer grandes resultados. Da mesma forma, o abandono de atividades significativamente causadoras de estresse alivia de forma considerável os sintomas.

A psicoterapia também ajudará o paciente a ter autopercepção corretamente nivelada. A depressão faz que o paciente tenha uma visão mais pessimista e negativa sobre si mesmo, envolvendo o aspecto estético (sentir-se feio), cognitivo (sentir-se menos inteligente) e de aceitação (baixa autoestima ou não se sentir interessante).

Durante as sessões, o terapeuta fará que o paciente tente reduzir ao máximo essas distorções. Esse processo não tem o objetivo de criar ilusões, mas trazer o deprimido o mais próximo possível de uma interpretação correta de suas virtudes e limitações.

Outro ponto a ser destacado é que na psicoterapia será desenvolvida a psicoeducação e o suporte familiar ao deprimido. Livros, artigos e outros materiais, quando corretamente indicados, trazem resultados terapêuticos significativos. O paciente deprimido poderá receber de seu terapeuta indicações qualificadas sobre o que deve ou não ler durante as fases da doença.

Como a depressão é uma doença que provoca repercussões negativas nas áreas sociais e no relacionamento familiar, a família será chamada a participar ativamente do processo terapêutico. A psicoterapia pode identificar problemas nessas relações que são, em alguns casos, os principais gatilhos dos episódios depressivos. Da mesma forma, poderá trabalhar para que a família compreenda que o paciente com depressão não está doente por ser fraco, carente, sem fé ou sem confiança em Deus.

15

A leitura bíblica mudará sua mente

A lei do S\ENHOR é perfeita e revigora a alma.

(Salmos 19.7)

O texto de Provérbios 19 sempre despertou curiosidade desde o início de minha caminhada como profissional de saúde emocional. Esse e outros textos bíblicos afirmam que a Palavra de Deus é capaz de restaurar, trazer cura e libertação.

O primeiro entendimento que esse texto traz é a compreensão de como esse processo de cura pela Palavra ocorre.

A leitura bíblica é a maior libertação

O cristianismo brasileiro, sobretudo evangélico, dá muita ênfase às curas realizadas por meio de campanhas de oração, por "profetas mais ungidos que nós", revelações em igrejas consideradas "especiais" ou até por objetos considerados consagrados ou que tenham o poder de curar. Entretanto, pouco se fala da necessidade diária de ler e meditar nas Escrituras e de ter nelas doses diárias de cura e libertação.

Devemos pedir a Deus que torne a revelação por meio das Escrituras nossa maior fonte diária de sustento (e de cura) em detrimento de meios que Deus desaprova. Isso não quer dizer que Deus não possa usar meios diferentes para a cura e libertação. No entanto, se não formos bem orientados, a busca por curas milagrosas ou intervenções sobrenaturais poderá aumentar nossa ansiedade e produzir frustrações em nossa jornada cristã.

Nesses anos de caminhada cristã, pude perceber que os pacientes acometidos de doenças emocionais são — de forma significativa — mais tentados a buscar exclusivamente a cura sobrenatural em detrimento daquela obtida pela Palavra (consideramos a última a mais sobrenatural de todas!).

É provável que isso ocorra porque a depressão afeta a memória, a atenção e a concentração do deprimido, fazendo que sua capacidade de assimilar conhecimentos seja comprometida. De maneira geral, a pessoa deprimida em estado moderado a grave terá mais dificuldade de se concentrar em qualquer tipo de leitura. Da mesma forma, o deprimido perde energia e tem, normalmente, a ansiedade aumentada, o que o pode levar a procurar mecanismos de cura espiritual que, a seu modo de ver, sejam mais rápidos ou eficientes.

Entretanto, a leitura bíblica não é "qualquer leitura". A Bíblia nos diz que "a palavra de Deus é viva e eficaz, e mais afiada que qualquer espada de dois gumes; ela penetra até o ponto de dividir alma e espírito, juntas e medulas, e julga os pensamentos e as intenções do coração" (Hebreus 4.12).

Há várias razões por que a leitura bíblica é terapêutica, e vou falar apenas rapidamente sobre algumas delas. Esse tema é um dos mais interessantes e profundos da teologia cristã e foge ao objetivo deste livro expor exaustivamente toda a sua complexidade.

A Bíblia é viva, não é um livro de autoajuda

Em Hebreus 4.12, vemos duas formas de como a Palavra de Deus é remédio para o cristão. Primeiro, o texto nos diz que ela é viva. Logo, nenhum livro de autoajuda ou motivacional, por melhor que seja, provocará o efeito terapêutico que a Palavra de Deus pode provocar. As Escrituras são a própria voz, os conselhos e os pensamentos de Deus revelados ao homem, de modo que Deus as utiliza para revelar-nos aquilo que está em nosso interior, gerando mudanças em nós. Um bom livro poderá nos levar a reflexões e aumentar o nosso conhecimento, mas de maneira alguma ele produzirá em nós o efeito que a ação direta de Deus em nossa saúde física, emocional e espiritual proporcionará por meio da Bíblia.

Vimos anteriormente que um dos maiores problemas da depressão envolve pensamentos enraizados distorcidos que comprometem a percepção correta de nós mesmos, de Deus e do mundo exterior. A Palavra de Deus revelada em nosso coração é capaz de corrigir essas distorções, pois evidencia, por meio da ação do Espírito Santo, processos escondidos em nossa alma que nunca poderíamos descobrir por meios médicos ou psicoterápicos. Há pensamentos e intenções em nosso coração que nem mesmo o psicólogo mais bem treinado e capacitado será capaz de descobrir, mas que serão descortinados por meio da leitura bíblica diária.

A Bíblia remolda nossa identidade

A Palavra de Deus também corrige a identidade distorcida do deprimido, pois, ao lê-la, ele saberá como Deus o vê e o que pensa sobre a sua vida. O texto bíblico é tão vivo que não dependerá da quantidade da leitura, mas da forma pela qual Deus se revela para nós por meio dele.

Em muitos casos, o deprimido, mesmo com a mente cansada e fragilizada, poderá ler pequenos trechos da Escritura e, por meio deles, ter iluminação para cura e libertação de sua alma. A cura pela Palavra levará gradualmente a uma mudança de mente, pois Deus corrige e até retira, progressivamente, os esquemas mentais distorcidos e instala em nossos pensamentos a sua vontade, de modo que nos faça cada vez mais parecidos com Cristo e a termos a sua mente (2Coríntios 3.18).

Além disso, as Escrituras nos dão orientação quando o nosso problema é físico, emocional ou espiritual. A carta aos Hebreus diz que a Palavra de Deus penetra até as três dimensões do ser humano, nos revelando e curando quando houver necessidade.

A Bíblia aumenta nossa fé

A leitura bíblica também aumenta a nossa fé (Romanos 10.17), pois a fé vem pelo ouvir a Palavra de Deus. O sentimento de impotência, desesperança, inutilidade e pessimismo será vencido com a compreensão do poder e da presença de Deus em nossa vida, revelados pelas Escrituras. A Bíblia mostra que Deus é um ser presente e intervém em nosso mundo e em nossas vidas, mesmo que as condições emocionais de cada um impossibilitem que o busquemos.

Deus não depende de nossas atitudes para realizar cura e ele compreende o momento difícil e doloroso pelo qual o deprimido está passando. Elias, quando tomado pela depressão, só teve pensamentos sobre fracasso e abandono. Mas Deus sabia precisamente quem Elias era e interveio poderosamente, mesmo o profeta estando emocional e espiritualmente abalado.

Por último, há um ponto muito importante que faz que a Palavra de Deus seja altamente terapêutica. Vimos em capítulo anterior que um dos motivos dos cristãos estarem doentes é o fato de viverem uma espiritualidade em desacordo com as Escrituras. Se conhecermos a Palavra de Deus, estaremos cada vez mais próximos de viver uma espiritualidade cristã saudável, baseada na graça, na percepção de que Deus é soberano e que tem o controle de cada área de nossa vida.

Teologias emocionalmente tóxicas não afetarão o cristão que medita e estuda diariamente as Escrituras. Isso o livrará de deparar com momentos de culpa que poderão afastá-lo de viver constantemente barganhando com Deus.

Dessa forma, quem sofre com a depressão, mesmo que tenha poucas forças, deve meditar e refletir na Palavra de Deus todos os dias. Em oração, peça a Deus que torne a Palavra viva e que ela penetre sua alma de modo que identifique e trate os sentimentos e os pensamentos contrários àquilo que ele planejou para a sua vida.

16

Deus pode mudar sua identidade

Vocês estavam mortos em suas transgressões e pecados.

(Efésios 2.1)

São impressionantes as mudanças que a psicoterapia pode oferecer ao ser humano. Ela proporciona transformações que são realmente significativas para uma caminhada com novas percepções e interpretações da realidade. Do mesmo modo, o acompanhamento médico, tratando sintomas que acompanham doentes (às vezes desde a infância), é capaz de gerar verdadeira qualidade de vida com valor imensurável. Entretanto, não há técnica, grupo de apoio ou tratamento capazes de produzir as mudanças que o relacionamento com Deus pode proporcionar ao indivíduo.

A fé cristã é vista por muitos profissionais de saúde mental como autoajuda, suporte social ou identificação paterna (busca da figura perdida do pai em Deus), capazes de produzir mudanças significativas na estrutura emocional do ser humano.

A conversão é a maior mudança de mente possível

Ao longo de vários anos de caminhada na fé cristã, presenciei mudanças de mente, personalidade e identidade que são impossíveis de ser explicadas com base apenas nos conhecimentos médicos ou psicoterápicos. A conversão cristã muda completamente a percepção do sujeito a seu respeito, a respeito do próximo e de toda a cultura em meio à qual ele vive. À medida que alguém conhece a Deus por meio de Jesus Cristo, sua identidade é, de fato, transformada.

Converter-se é entregar a vida, o caminho, os sonhos, o passado, o presente e o futuro a Cristo. É o que acontece quando Deus desperta os que estão espiritualmente mortos e os capacita a se arrependerem pelos seus pecados.

Sem essa entrega, como a Bíblia diz, o homem está espiritualmente morto e impossibilitado de se relacionar com Deus. A morte espiritual torna impossível ter uma vida física e emocional de acordo com os parâmetros e as promessas propostas por ele.

Morto espiritualmente, o homem está desconectado de seu Criador, contaminando toda a percepção sobre si mesmo e o próximo.

É possível que pessoas não cristãs sejam bem equilibradas e tenham ótimas relações interpessoais, conforme Jesus disse. Mas o ser humano só atingirá o máximo de seu potencial e equilíbrio se for devidamente vivificado e caso se mantenha conectado a Cristo. "O senhor elogiou o administrador desonesto, porque agiu astutamente. Pois os filhos deste mundo são mais astutos no trato uns com os outros do que os filhos da luz" (Lucas 16.8).

Talvez um dos motivos pelos quais muitos "frequentadores de igrejas" ainda não tenham obtido os benefícios emocionais e espirituais da fé cristã seja o fato de buscarem a Deus constantemente para a resolução de problemas sem terem se arrependido de fato, sem um relacionamento de entrega e dedicação a ele. Pertencem a uma comunidade, mas não são verdadeiros cristãos conforme os critérios apresentados nas Escrituras.

A conversão exige arrependimento dos pecados e o reconhecimento de que somente pelo sacrifício de Jesus o homem pode ser aceito por Deus. A conversão envolve o entendimento de que, por obras humanas, é impossível ao homem se achegar a Deus, mas, por meio de Cristo, todo o esforço necessário para essa aproximação já foi realizado na cruz.

Uma vez unido a Cristo, Deus vivifica o homem, dá a ele nova vida interior, faz dele nova criatura e permite que o Espírito Santo nele habite. Essa vida de Deus molda progressivamente a mente, o caráter, as emoções e a personalidade, não apenas para melhorar o ser humano, mas para transformá-lo, de modo que ele fique cada vez mais parecido com o próprio Cristo. Pensamentos, conceitos, sofismas, preconceitos, pontos cegos, autossabotagens e outros inúmeros processos emocionais são identificados e derrubados pela presença de Deus atuando na vida interior do cristão por meio do entendimento da Palavra.

Sem o novo nascimento espiritual, o homem conta apenas com suas próprias forças (ou, às vezes, de amigos e profissionais) para a sua luta diária contra os sentimentos e percepções destrutivos da realidade. Com Cristo, a presença de Deus o vivifica, auxilia, capacita e transforma todos os dias.

Os tratamentos disponíveis, auxílios ou abordagens psicoterápicas, por melhores que sejam, serão limitados ou falhos se o homem não apresentar novo nascimento espiritual por meio da conversão ao Deus único e verdadeiro. Não haverá saúde emocional sem saúde espiritual. Não haverá vida para aquele que está morto em delitos e pecados. No máximo, paliativos que manterão o corpo funcionando, sem, contudo, dar a ele a saúde e a plenitude de vida de que necessita.

Se você, leitor, ainda não entregou a sua vida a Cristo, pare neste momento a leitura, ore a Deus, arrependendo-se dos seus pecados, e peça que ele venha morar em seu coração, trazendo vida e saúde emocional. Entendemos que somente assim o ser humano poderá viver e desfrutar mais profundamente os benefícios da vida abundante que Cristo tem para ele.

Assuma sua nova identidade

A conversão, no entanto, é apenas um início de um processo maior. Após a conversão, o próximo passo para sair da depressão é o conhecimento da nova identidade dada por Deus ao cristão. Podemos definir identidade como um conjunto de aspectos individuais que caracteriza um indivíduo. O nome, o local de nascimento, a maneira de pensar, a cultura, as preferências pessoais e as experiências de vida definem a identidade de uma pessoa.

A identidade não é um processo estático; ela está em constante transformação, dependendo das relações pessoais, da história de vida e da interação com a sociedade. Logo, a identidade pode ser mudada constantemente ao longo da vida. Ainda que sua base permaneça imutável, Deus poderá intervir, provocando transformações profundas que ao homem são impossíveis.

A identidade da pessoa deprimida sofreu alterações profundas. A pessoa deprimida perdeu a percepção correta de si mesma, do próximo e do meio social em que vive. Essas distorções na identidade são muito comuns: sentimento de rejeição, dificuldade de se amar, baixa autoestima, sentimento de inutilidade, dificuldade de ser aceito e de aceitar o próximo, incapacidade de responder às demandas sociais e inúmeras outras alterações que afetam a personalidade.

A depressão pode resgatar pontos nocivos da identidade e comprometer outros aspectos que eram saudáveis e se mantinham estáveis até o surgimento da doença. Em alguns momentos, o deprimido chega a pensar que não sabe mais quem ele realmente é ou qual a sua posição diante de Deus. A relação com Deus por meio de Cristo não trará apenas uma nova vida no campo espiritual, mas conferirá nova identidade à vida do cristão.

Com o processo de caminhada cristã, a nova identidade espiritual vai modificando a identidade emocional do indivíduo. Impressiona saber que muitos cristãos, convertidos há vários anos, possam se manter sem um conhecimento mais real sobre sua identidade como filhos de Deus. Persistem com a identidade de outrora, dos tempos em que não conheciam o seu Criador. Outros até o conhecem, mas, diante da depressão, sucumbem pelos pensamentos depressivos. Conhecendo (ou reconhecendo) e declarando sua identidade espiritual, o cristão — sobretudo o deprimido — pode experimentar o poder terapêutico da Palavra de Deus e do Espírito Santo para modificar a sua mente, os seus sentimentos e as suas percepções.

Para que a identidade espiritual seja conhecida e implantada, são necessárias, sobretudo, oração e leitura da Palavra de Deus. A leitura bíblica traz conhecimento dos princípios dessa nova identidade, e a oração faz que ela seja compreendida e implantada de maneira viva e natural na mente do deprimido. Há distorções tão profundas na personalidade de uma pessoa que somente a ação de Deus será capaz de corrigi-las.

Mas quais seriam os principais pontos da identidade conferidos por Deus aos seus filhos que o deprimido deverá reconhecer? Apresentarei a seguir alguns desses pontos que julgo essenciais. É importante que os textos bíblicos sejam lidos e objeto de reflexão:

1) O deprimido pode sentir que não tem amigos, mas ele é amigo de Cristo (João 15.15).
2) O deprimido pode se sentir abandonado pela família, mas é filho de Deus e membro de sua família (João 1.12; 1Coríntios 12.27; Efésios 5.30).
3) O deprimido pode se sentir inútil, mas foi escolhido por Deus para frutificar (João 15.16).
4) O deprimido pode se sentir indigno e impuro, mas é uma casa onde Deus habita por meio do Espírito Santo (1Coríntios 3.16).
5) O deprimido pode se sentir imperdoável, mas Deus o considera perdoado e justificado (Romanos 5.1).
6) O deprimido pode se sentir condenado para sempre, mas Deus o considera absolvido eternamente (Romanos 8.1).
7) O deprimido pode sentir que não é inteligente ou capaz de compreender a realidade, mas Deus lhe dá a mente de Cristo (1Coríntios 2.16).
8) O deprimido pode se sentir amaldiçoado, mas em Cristo ele é abençoado por Deus com todas as bênçãos espirituais (Efésios 1:3).
9) O deprimido pode achar que sua vida é um erro, mas foi escolhido por Deus antes da fundação do mundo (Efésios 1.4).

10) O deprimido pode ficar preso a culpas do passado, mas foi redimido e perdoado por Deus mediante sua graça (Efésios 1.5).
11) O deprimido pode achar que seus problemas não têm solução, mas Deus afirma que para ele nada é impossível (Lucas 18.27).
12) O deprimido pode achar que não tem forças para lutar contra Satanás, mas foi liberto por Deus do domínio do mal (Colossenses 1.13).

Esses são apenas alguns pontos da nova identidade espiritual que o cristão pode considerar reais para sua nova vida ao ler a Palavra de Deus. É importante orar, mesmo que as energias emocionais dificultem isso, pois pela oração Deus pode implantar essas verdades em sua mente e bloquear as fortalezas construídas pela depressão. Se você é cristão e está deprimido, ore reafirmando os pontos dessa identidade e pedindo a Deus que os revele de maneira prática em sua vida.

A identidade não é implantada lendo a Bíblia, como se ela fosse um livro de autoajuda ou de autoconhecimento, mas solicitando a Deus que, por sua graça e Palavra, modifique a maneira de enxergarmos e compreendermos a realidade.

Entregar a vida a Cristo e não conhecer essas verdades e promessas de Deus é receber uma grande herança e nunca desfrutar dela. É ser visto de uma forma por Deus e se enxergar de outra. É viver uma vida cristã rasa, superficial e apoiada nas próprias forças.

17

Confesse e perdoe

Portanto, confessem os seus pecados uns aos outros e orem uns pelos outros para serem curados.

(Tiago 5.16)

Um fato muito presente no atendimento a pacientes que procuram um psiquiatra para tratar a depressão e recebem prescrição de antidepressivo é que, apesar do medicamento demorar duas semanas para fazer efeito, algumas pessoas apresentam melhora clínica apenas um ou dois dias após a consulta. Por que isso ocorre?

A resposta para isso está na Palavra de Deus, ao mostrar que a confissão gera cura. Lembro-me de uma paciente que, três dias após eu ter prescrito um antidepressivo, ligou de volta dizendo estar se sentindo bem melhor que antes de ir à consulta. Sua melhora não foi resultado do antidepressivo, mas dos momentos de confissão que ela teve no consultório, em que me confidenciou segredos que ninguém ao seu redor sabia. Pôr aquelas lembranças para fora produziu cura.

Tenha o hábito de confessar suas dores e angústias

Confessar proporciona a revelação de fatos, verdades e conflitos ocultos em nosso interior. A resolução das tensões e conflitos, pela intercepção das verdades escondidas, torna possível que o outro (profissional, pastor ou leigo) possa, por meio de seus conhecimentos, aconselhamento e, sobretudo oração, ser um agente de cura.

A medicina também mostra que pessoas que guardam seus segredos emocionais, tensões, mágoas, angústias e aflições sem os pôr para fora, apresentam maior risco de adoecer psiquicamente e ter outras doenças psicossomáticas. Logo, o simples fato de falar é um processo de cura altamente eficaz.

Todas as técnicas de psicoterapia se baseiam no fato de ser necessário que o paciente ponha para fora aquilo que o prejudica e atormenta. Inclusive, há um grande número de cristãos que desenvolvem quadros depressivos porque ocultam pecados por períodos prolongados sem nunca os confessar. A confissão feita a uma pessoa de confiança não visa o perdão divino, porque este é concedido exclusivamente por Deus, mediante nosso arrependimento diante dele. Mas confessar produz restauração física e emocional, é "dividir a carga" (Gálatas 6.2; Tiago 5.16). Quando confessamos a Deus, o fazemos para sermos perdoados, mas confessar ao próximo é um mecanismo para ser curados.

Tiago coloca a confissão lado a lado com a oração. Para o cristão, não basta apenas pôr para fora e receber os benefícios emocionais desse gesto, mas, por meio da oração, apresentar arrependimento genuíno e, assim, receber perdão e cura por meio da ação do Espírito de Deus. Essa oração não é para condenar ou trazer culpa para quem cometeu um pecado ou delito. Deve, sim, ser cheia de amor e misericórdia, sempre com a finalidade de buscar a restauração.

Muitas pessoas ainda se sentem reféns da culpa e da amargura, mesmo confessando a Jesus. Elas precisam se abrir com cristãos maduros e cheios de amor para receberem oração em seu favor. O resultado será uma libertação emocional profunda, que trará alívio ao coração.

"Quem esconde os seus pecados não prospera, mas quem os confessa e os abandona encontra misericórdia." (Provérbios 28.13.)

O cristão não deve permitir que a culpa, o medo, o rancor ou a falta de perdão o impeçam de exercer a confissão em seu dia a dia. Guardar a dor e a angústia irá proporcionar um adoecimento emocional escondido, como a ferrugem na lataria, que aos poucos irá consumir a sua alma.

Não perdoar é adoecer

A confissão também proporciona a possibilidade de vivermos momentos de perdão. Muitos cristãos estão doentes porque não conseguem perdoar pessoas que marcaram negativamente suas emoções no passado. A falta de perdão produz raízes no nosso coração que nos adoecem progressivamente. "Cuidem que ninguém se exclua da graça de Deus; que nenhuma raiz de amargura brote e cause perturbação, contaminando muitos." (Hebreus 12.15.)

A importância do exercício do perdão na vida do cristão (e nas pessoas em geral) é tão grande que poderia ser escrito um livro inteiro sobre o assunto, apresentando os seus benefícios e os relatos colhidos pela própria medicina, que observa as ocorrências positivas nesse campo.

Há tempo que a medicina e a psicologia demonstram que muitas doenças podem ser causadas por mágoas e ressentimentos guardados por longo tempo. Doenças como úlcera, cefaleias, bem como transtornos mentais podem ter origem no fato de as pessoas guardarem esses sentimentos por muito tempo sem exercerem o perdão. Lembro-me de vários casos de depressão que não avançaram em direção à cura até que o paciente perdoasse a si mesmo ou a seu próximo.

Mágoas e ressentimentos têm o poder de destruir nossa saúde física, emocional e espiritual. Uma de minhas pacientes sofria de depressão havia vários anos, porque não conseguia perdoar a si mesma de um aborto cometido no passado. No entanto, quando experimentou o perdão de Deus, apresentou uma melhora impressionante.

Outro paciente sofria com as memórias traumáticas dos abusos emocionais cometidos por seu pai durante a infância e a adolescência. Quando, finalmente, conseguiu perdoar o seu pai, ele finalmente se viu curado. Em alguns casos de problemas emocionais, perdoar os que nos feriram, perseguiram, magoaram ou prejudicaram será o remédio mais eficaz para a restauração da alma.

Perdoar é um exercício muito difícil. Somos programados desde criança a buscar e proteger nossos direitos, acusar os outros e revidar de maneira proporcional (ou não) ao dano sofrido. Também temos muita facilidade para enxergar os erros e as dificuldades nos outros, mas grande dificuldade em reconhecer que também causamos danos ao próximo. Em alguns momentos, perdoar irá exigir que olhemos para nós mesmos a fim de refletir e reconhecer que, em muitas ocasiões, fomos o agente de destruição física e emocional na vida do outro.

Olhar para si mesmo pode trazer culpa. Por isso, a pessoa deprimida deverá estar disposta a encarar o perdão a si mesma. Não adianta tentar resolver as demandas com o próximo se não resolvermos, primeiro, os nossos próprios conflitos emocionais, marcados por culpa, autocomiseração e raiva. Não há como amar e perdoar o próximo sem amar ou perdoar a si mesmo. Perdoar-se por meio do amor e da graça de Deus nos curará e levará em direção à reconciliação. O mandamento universal do amor diz isto: amar o próximo *como a nós mesmos*. Isto é, para amar o outro, antes, é preciso amar a nós mesmos.

Todo cristão deve examinar constantemente o seu coração em busca de pessoas (ou instituições) para quem ainda não conseguiu liberar perdão. Identificado o foco, será necessário o arrependimento, o ato prático de perdoar e, se possível, fazer a restituição do dano.

No arrependimento, sentimos o nosso coração quebrantado. Sentimos a dor que causamos ao próximo e a reconhecemos — sem amenizar a nossa responsabilidade para com aquele que ofendemos ou causamos dano.

O arrependimento não pode ser apenas algo restrito ao nosso intelecto ou cheio de frieza, mas nos mover à reflexão, meditação e ação. Após nos arrependermos dos pecados cometidos, precisamos receber o perdão de Deus (1João 1.9) e saber que nada poderá nos separar do seu amor (Romanos 8.38,39).

Também precisamos considerar que o arrependimento nos guiará a liberar perdão às pessoas que causaram danos à nossa vida, e que muitas vezes esses danos serão irreparáveis. Há casos sobre os quais sabemos que devemos perdoar, mas emocionalmente isso parece ser impossível, sobretudo para um deprimido. Nesses e em todos os outros casos, o cristão deverá pedir a Deus que o Espírito Santo atue em seu coração para que o incline emocional e espiritualmente ao perdão. Aquilo que é impossível aos homens é possível para Deus (Mateus 19.26), e precisamos saber lidar com isso naturalmente.

Com o exercício do arrependimento, estaremos de posse das ferramentas espirituais e emocionais para realizar o perdão. Não é suficiente apenas dizer que iremos perdoar, mas devemos demonstrar essa disposição por meio de atitudes visíveis e reais. Em alguns casos, podemos até reparar danos cometidos por meio da revelação de verdades ocultas e reparações físicas ou emocionais. Isso exigirá um esforço extra, mas certamente será recompensador e bem visto aos olhos de Deus.

O perdão tem poder para libertar-nos da culpa, dos ressentimentos, da vergonha, da autocomiseração e de uma série de outros sentimentos que são verdadeiras toxinas a contaminar a já fragilizada mente do deprimido. Dessa forma, perdoar não trará apenas restauração espiritual, mas, também, produzirá cura física e emocional em vários aspectos da vida.

18

Creia em milagres

"Quem entre os deuses é semelhante a ti, Senhor? Quem é semelhante a ti? Majestoso em santidade, terrível em feitos gloriosos, autor de maravilhas?"

(Êxodo 15.11)

Um milagre, segundo os livros de teologia, é normalmente definido como um modo menos comum da atividade divina, pelo qual Deus desperta a admiração e o espanto das pessoas, dando testemunho dele mesmo.

Sabemos que Deus controla todas as coisas e está sempre operando na vida de seus filhos, mas o milagre pressupõe uma intervenção assombrosa de Deus, intensamente manifesta e com grande potencial de admiração por quem o presencia. O milagre não é um fim em si mesmo. É algo que visa glorificar a Deus entre os homens.

Alguns cristãos acreditam que os milagres cessaram nos primeiros anos da Igreja, mas fato é que eles continuam acontecendo nos dias de hoje. Apesar disso, um milagre não deve ser o centro da mensagem de uma comunidade, nem o objetivo principal da busca do ser humano por Deus. Não há milagre verdadeiro sem a ação do Espírito Santo na vida do homem, e isso se dá por meio da entrega de sua vida a Jesus Cristo. O maior milagre é nascer espiritualmente de novo.

Milagres existem

Nesses anos de atendimento médico-psiquiátrico, tive o privilégio de presenciar inúmeros casos de milagres na vida de pessoas que caminharam com Deus e que não tinham uma explicação médica plausível.

Pouco tempo atrás, uma paciente gravemente deprimida apresentou remissão total de seu quadro depressivo, mas a incomodava o fato de ter de tomar três antidepressivos simultaneamente. Apesar dos sintomas estarem totalmente ausentes, alguns efeitos colaterais limitavam certas áreas de sua vida. Tratava-se de um quadro realmente grave em que a associação de alguns medicamentos era necessária.

Certo dia, estando reunida em sua igreja, Deus deu a ela uma visão espiritual (Deus fala aos homens por meio de sonhos e visões), e nessa visão ela contemplava um coração sendo curado de uma ferida muito grande. Em sua visão, após a intervenção de Deus, o coração voltava a funcionar adequadamente. Dias depois, uma de suas intercessoras a procurou para dizer que o Senhor havia dito a ela que interviria em seu estado emocional de maneira extraordinária. Dias depois ela apresentou cura de seu quadro depressivo durante um momento de oração!

Uma jovem, recém-formada na universidade, padecia de um quando depressivo grave e incapacitante. Ela não conseguia exercer atividades laborativas nem sociais. Foram tentadas praticamente todas as associações de medicamentos possíveis que pudessem tratar o seu quadro depressivo. No entanto, nada parecia poder devolver sua alegria, energia, humor, prazer e iniciativa.

Ela era uma cristã piedosa, e isso causava muitas dúvidas sobre como Deus estava conduzindo a sua vida. Esgotados os recursos medicamentosos, eu a encaminhei para fazer um tratamento reservado para quadros realmente muito graves e refratários, a eletroconvulsoterapia. Nesse tratamento, usamos uma corrente elétrica no cérebro (por meio de um aparelho colocado na cabeça), em um paciente sedado, para que o equilíbrio neuronal volte a ocorrer adequadamente. É um tratamento muito seguro e com ótimos resultados em quadros depressivos muito graves. Entretanto, após concluir o tratamento, o quadro depressivo não apresentou melhora alguma e, paradoxalmente, essa paciente se sentia pior do que antes.

Conversei seriamente com ela, explicando que deveríamos realizar novamente associações de medicamentos, algumas pouco usuais, a fim de encontrar uma solução eficaz. Naquele momento, eu ainda não sabia o que Deus reservava para todos nós.

Poucos dias após a nossa conversa, durante um culto em sua igreja, todos decidiram orar por ela em um clamor coletivo para que Deus pudesse devolver à jovem a alegria de viver. Naquele dia, ela sentiu e experimentou a ação do Espírito Santo em sua vida como nunca havia experimentado, em um processo em que Deus, de maneira sobrenatural, realmente entrou em sua mente e em suas emoções e a curou instantaneamente de seu quadro depressivo. Foi algo extraordinário, inexplicável e que produziu grande espanto em todos os presentes. Um verdadeiro milagre!

A medicina tenta dar explicações variadas para esses e diversos outros fenômenos que pude presenciar. Certa vez, perguntei a um professor se ele já tinha presenciado curas espontâneas, intratáveis pela medicina. Ele respondeu que sim, mas acreditava que, nesses casos, a vontade de ser curado fazia que o organismo do paciente produzisse alterações imunológicas ainda não conhecidas, que faziam o próprio corpo atacar os tumores agudamente. O conhecimento médico sempre tentará dar alguma explicação aos fatos para os quais não há respostas fáceis, possíveis e previsíveis.

A verdade é que Deus pode e de fato intervém em nossa vida e em nosso mundo, e o deprimido não deve pensar que ele não está ciente das crises e angústias que está vivendo em dado momento. Deus conhece cada detalhe da mente, dos sentimentos, da personalidade e o desejo de seus filhos e não é um Deus insensível para ouvir nossas queixas, clamores, dúvidas e até mesmo os nossos ressentimentos, quando eles existem.

O mesmo Jesus que realizou milagres em seu tempo de permanência na terra ainda hoje atua com a mesma eficácia, produzindo feitos extraordinários por meio de seus discípulos. A depressão é tão comum hoje quanto foi no passado. Ela é prevalente e incapacitante, e isso deveria levar a igreja a realizar momentos mais frequentes de oração, pedindo a Deus que cure os deprimidos em sua comunidade.

Intercedemos por irmãos com câncer, por diabéticos, por pessoas com alguma infecção e que estão hospitalizadas, mas falamos e oramos muito pouco sobre depressão e transtornos emocionais entre nós. A possibilidade de o cristão ter depressão é algo que vem carregado de muitos tabus e preconceitos que têm prejudicado muito o efeito terapêutico da igreja nessa área.

Acreditar nos milagres não deve impedir você de ir ao médico

Falar de milagres não contraindica os cristãos de se submeterem a orientações médicas. Ao longo da minha caminhada profissional, pude ver inúmeros pacientes com recaídas graves de quadros depressivos porque acharam que haviam sido curados de maneira sobrenatural por Deus, sem, no entanto, terem uma palavra claramente revelada por ele a esse respeito. Em alguns casos, pessoas bem-intencionadas, mas sem nenhum discernimento espiritual, recomendaram que os pacientes suspendessem a medicação em um ato voluntário de fé. Essa suspensão de tratamentos já levou muitos cristãos a regredirem a quadros depressivos ainda mais graves e a tentar suicídio.

Milagres, fé e cura são ações que procedem unicamente da vontade, soberania e graça de Deus. Não há oração, pessoas superdotadas ou métodos especiais que sejam capazes de canalizar a cura divina em nosso benefício. Há cristãos piedosos e fiéis que, mesmo com intercessões constantes de amigos e da comunidade, permanecem com a necessidade de fazer uso de medicamentos. Outros, com doenças clínicas graves (como o câncer), a cura que Deus dá é a morte, levando-os para perto dele. Temos de admitir isso ou será pior para a nossa própria fé rejeitar a solução que ele tem dado desde muito tempo, de modo que isso não implica ceticismo ou simples descrença. Veja, por exemplo, o caso do rei Ezequias, a quem Deus quis recolher. Depois de Deus conceder-lhe mais quinze anos de vida, mesmo assim teve o fim que anteriormente Deus designara para ele, com o agravante de que durante o prazo extra ele ter realizado um péssimo negócio para seus descendentes, mostrando aos babilônios os tesouros do seu país.

Dessa forma, devemos compreender que Deus irá atuar para a cura de maneiras diferentes em cada um de nós, conforme os seus próprios desígnios. O exemplo do apóstolo Paulo também é pertinente: mesmo orando em três ocasiões diferentes para que Deus o livrasse de um "espinho na carne", aprouve a Deus não responder às orações da maneira que apóstolo gostaria. Deus disse que o problema em seu corpo faria que ele não se ensoberbecesse, isto é, não se envaidecesse.

A cura da depressão pode vir por meio de um milagre extraordinário. Entretanto, normalmente, passará por auxílio espiritual, médico e psicológico. Isso não excluirá a ação de Deus, porque "se não for o SENHOR o construtor da casa, será inútil trabalhar na construção" (Salmos 127.1).

Médicos, psicólogos e outros profissionais envolvidos no cuidado emocional das pessoas também são ferramentas usadas por Deus para a cura em nossos dias. Devemos agradecer a ele por também ter dado sabedoria aos homens para que produzam medicamentos importantes para a nossa saúde. Atendo muitos pastores com depressão, homens usados por Deus como instrumentos de cura para outras pessoas, mas eles são gratos e humildes o bastante em reconhecer que devem se submeter a tratamento médico até que Deus lhes dê uma nova direção de tratamento em sua própria vida.

Eclesiastes 7.16 diz que não devemos ser demasiadamente justos nem sábios, porque isso poderá nos destruir. Logo, o cristão deve buscar de Deus a sabedoria e o equilíbrio em todas as áreas de sua vida. Quando falamos sobre a depressão, doença com causas multifatoriais, esse equilíbrio é fundamental.

19

Frequente uma comunidade

Um homem sozinho pode ser vencido, mas dois conseguem defender-se. Um cordão de três dobras não se rompe com facilidade.

(Eclesiastes 4.12)

A maior tentação que a mente de um deprimido produz é o desejo de estar sozinho, de se distanciar até mesmo de pessoas próximas. Vimos anteriormente neste livro que o profeta Elias, diante da depressão, abandonou seu amigo Eliseu e preferiu enfrentar a sua tristeza e angústia longe de tudo e de todos.

Considerando os casos existentes e a força da comunidade, a igreja tem um papel fundamental no socorro e na ajuda para o cristão com depressão nos momentos de dor e angústia.

Um dos eixos da psicologia moderna é a defesa de que comunidades podem e devem ser erguidas no intuito de se tornarem entidades terapêuticas.

É fato que, visando o tratamento de depressão, dependência química, transtorno bipolar e inúmeras outras doenças emocionais, a medicina e as ciências sociais incentivam o indivíduo a participar voluntariamente de associações em que ele possa ser curado por meio de psicoeducação, relações e identificação com o grupo.

Nesse sentido, o papel da igreja na recuperação emocional da pessoa doente é muito representativa. Se pensarmos do ponto de vista meramente socioeducacional, a igreja é um instrumento fantástico de cura, pois promove integração, aceitação, perdão, confissão e orientação para vários aspectos da vida do indivíduo, em áreas que o próprio Estado encontrará maior dificuldades para interferir. Mas, para que isso aconteça, os preconceitos apontados neste livro devem ser derrubados e confrontados.

Tenho ensinado nos seminários de saúde emocional e espiritualidade que realizo que as igrejas devem ter como parte de seu repertório educacional informações para seus membros sobre saúde psíquica, psicoeducação e como ajudar alguém emocionalmente doente.

Se olharmos para a maioria das comunidades, veremos que são poucos os sermões voltados para a vida emocional, em detrimento de um elevado número de ensinamentos sobre vida espiritual, quebra de maldições ou mesmo prosperidade. Logo, para que uma comunidade seja de fato terapêutica, ela deverá ser treinada e educada para ser agente de cura.

Vários estudos psiquiátricos mostram que pessoas deprimidas, quando integradas a comunidades religiosas, apresentam maiores chances de cura que os não integrados. Ter uma espiritualidade dinâmica, ativa, protege do suicídio mais do que ter um emprego ou não ter problemas financeiros. Da mesma forma, mesmo não sendo o objetivo deste livro, é importante frisar que pesquisas médicas indicam que frequentar uma igreja pode melhorar a imunidade, a saúde física, trazer vitalidade e melhorar o sono.

Vivemos em uma sociedade de pessoas isoladas, diretamente desconectadas, hedonistas, orgulhosas e insensíveis, mas no ambiente da igreja somos confrontados a derrubar os princípios adotados neste mundo em vez de nos amoldarmos a eles (Romanos 12.2). A igreja é uma contracultura que pode proporcionar integração, aceitação e uma ruptura dos valores sociais que claramente estão nos adoecendo.

A educação e a aceitação do deprimido devem ser sempre ativas por parte da igreja. A depressão, por afetar a energia, a iniciativa e o prazer, pode fazer que um cristão piedoso deixe de apresentar interesse em frequentar cultos ou reuniões de oração por conta da doença. Assim, sem uma busca ativa, é possível perder a possibilidade de ajudarmos os cristãos deprimidos, sobretudo os casos mais graves. Assim, não interprete que a recusa em buscar ajuda seja orgulho e falta de fé. Isso fará que a situação do deprimido se agrave ainda mais.

Tenha paciência com alguém deprimido

Há situações nas quais o deprimido apresenta energia e iniciativa preservadas para ir à sua comunidade, mas a depressão afeta de tal modo o seu humor, o afeto, a personalidade e a identidade que ele passa a ser uma pessoa rejeitada por todos que o cercam.

Constantemente lidamos com pessoas em nossas igrejas que rotulamos como intransigentes, temperamentais e pessimistas, sem mesmo conhecermos sua história de vida. Não compreendemos que muitas delas, na verdade, estão passando por momentos de crise emocional profunda, alterando sua personalidade e percepção da realidade.

Esse é o principal motivo pelo qual a igreja falha em ser a comunidade terapêutica proposta anteriormente: exigimos padrões formatados de aceitação social sem compreender que muitos ao nosso lado ainda estão passando por um processo de cura e transformação emocional. Caso o deprimido não se encaixe em nossas exigências e expectativas psicológicas e sociais, ele é excluído do nosso círculo de convívio.

O deprimido, ou qualquer outro afetado por sofrimento emocional, precisa ser recebido em nossas comunidades com redobrada atenção, paciência e carinho. Se não agirmos dessa forma, seremos omissos no cuidado e amor propostos por Deus, e a omissão é pecado (Tiago 4.17).

Além da conexão psicossocial, a igreja é terapêutica porque nela podemos exercer intercessão uns pelos outros. Presenciei, ao longo de vários anos de clínica, diversos casos em que a oração de uma comunidade promoveu diversas curas emocionais.

A igreja não é apenas um local de integração emocional, mas de conexão espiritual, onde compartilhamos as bênçãos e os dons de Deus coletivamente. Hoje, infelizmente, tem crescido o número de cristãos "desigrejados", e vejo esse fenômeno como algo que traz prejuízos emocionais, sociais e, principalmente, espirituais, porque o deprimido é mais tentado a viver dessa forma, sem participar da igreja, e esse movimento reforça essa possibilidade nas pessoas com esses traços. No entanto, ele precisa resistir a viver dessa maneira e buscar, dentro de suas forças emocionais, se integrar cada vez mais à comunidade.

A depressão põe uma lente cinza nos olhos, fazendo que se tenha uma visão mais crítica, negativa ou entediada em relação à igreja. Essa distorção cessará à medida que se caminha em direção à cura. Muitos daqueles que vivem constantemente mudando de igreja, na verdade, podem estar manifestando transtornos emocionais que, se não tratados, farão que o indivíduo não passe por crescimento espiritual em lugar nenhum.

Congregar traz bênçãos espirituais

Congregar nos faz receber bênçãos espirituais diretas e indiretas. Podemos dizer que participar individualmente de uma comunidade faz que possamos receber as bênçãos espirituais envolvidas em ser parte do corpo de Cristo. Além disso, o fator mais importante que determina o potencial terapêutico da igreja é que ela é o local onde as pessoas se reconciliam com Deus. Sem a reconciliação com o Criador, não temos conexão plena com nós mesmos ou com o próximo.

A igreja é, portanto, o local da expressão máxima da plenitude relacional planejada por Deus desde a fundação do mundo. Nela, conhecemos Jesus Cristo e nos reconciliamos com ele, fazendo que a nossa nova identidade espiritual, citada anteriormente, nos torne irmãos. Espiritualmente, estamos conectados uns com os outros e com Deus, e isso é a força terapêutica mais significativa que podemos experimentar em nossa jornada terrena.

Presenciei muitos testemunhos de cura e de remissão da depressão em momentos de oração durante cultos ou reuniões evangelísticas. O cristão não pode, de maneira nenhuma, ignorar o papel terapêutico da igreja.

Se você luta constantemente contra a depressão e ainda não congrega em uma comunidade, é hora de vencer as barreiras emocionais que o impedem de reunir-se com pessoas da mesma fé em uma comunidade. Ter comunhão cura.

20

A oração destrói fortalezas

Orem uns pelos outros para serem curados.
(Tiago 5.16)

De todas as ferramentas bíblicas que o cristão dispõe, a oração é, sem dúvida, a mais eficaz e importante. Oração destrói fortalezas.

É praticamente inevitável que venham à memória imagens de fortalezas quando pensamos na figura de reis que fizeram parte da História. Geralmente, essas edificações, também chamadas de castelos, eram feitas de grandes blocos de pedra, o que conferia maior resistência que outros materiais, como a madeira. Além disso, essas edificações normalmente ficavam em regiões altas e isoladas, eram cercadas por muralhas, apresentavam um fosso cheio de água em redor e tinham pontes levadiças. Esse tipo de arquitetura formava uma barreira física quase intransponível para proteger seus moradores contra possíveis ataques de inimigos, pois limitava e impedia o acesso de pessoas indesejadas.

Talvez, não inadequadamente, a metáfora das fortalezas seja de grande auxílio no entendimento da relação entre as influências malignas, o processo depressivo e o poder da oração e da intercessão na cura da depressão.

O apóstolo Paulo, inspirado pelo Espírito Santo de Deus, teve uma vida de oração constante. Ele utilizou ousadamente e de maneira clara a metáfora das fortalezas ao ensinar a respeito da opressão espiritual maligna do pecado e do Diabo sobre o ser humano, apresentando a oração e a intercessão como poderosas formas de vencê-la.

O trecho de 2Coríntios 10.4,5a contém este ensino do apóstolo: "As armas com as quais lutamos não são humanas; ao contrário, são poderosas em Deus para destruir fortalezas. Destruímos argumentos e toda pretensão que se levanta contra o conhecimento de Deus".

A palavra "fortalezas", presente nesse versículo, no grego é *ochuroma* e significa "castelo; firmeza; argumentos e raciocínios pelos quais um disputador esforça-se para fortalecer sua opinião e defendê-la contra seu oponente".

Esses significados transmitem a ideia de pensamentos que alguém, envolvido em uma disputa, procura impor a outra pessoa, utilizando-se de todos os meios possíveis para isso. É exatamente dessa forma que o inimigo atua para promover o quadro depressivo na vida de alguém. O nosso adversário tenta impor pensamentos que geram disputa em nossa mente.

A depressão é uma batalha na mente

A depressão, sob o ponto de vista espiritual, é uma "estratégia maligna de guerra" que tem como objetivo destruir a vida do cristão. Para alcançar esse objetivo, o Diabo constrói, na mente dos cristãos, como exposto, de maneira sórdida, "fortificações, prisões", que são pensamentos depressivos que "aprisionam" a pessoa.

Os "argumentos" e "pretensão" são "amarras" formadas por esses pensamentos desalinhados com a vontade de Cristo, contrários à vida e à paz e associados à morte e ao pecado. Alguns pacientes com depressão queixam-se de que sentem como se algo estivesse "apertando a cabeça" e, ao mesmo tempo, pode-se perceber que eles vivem como se estivessem em uma "prisão" de ideias depressivas que os impedem de "enxergar e desfrutar" os aspectos positivos e esperançosos da vida.

Então, como forma de ensino, Paulo elegeu o termo "fortalezas" e outras figuras de combate para comparar a vida cristã a uma luta contra as forças das trevas e do mal. Como exemplo, tem-se: "revistamo-nos da armadura da luz" (Romanos 13.12); "estão passando pelo mesmo combate" (Filipenses 1.30); "bom soldado de Cristo Jesus" (2Timóteo 2.3).

Do ponto de vista espiritual, o processo depressivo é uma "fortaleza", uma "prisão", que precisa ser vencida para que a pessoa seja liberta daquilo que a oprime e impede de ter uma vida de paz no corpo, na alma e, principalmente, no espírito.

Para "destruir essa fortaleza" e "alcançar a liberdade", há que se recorrer aos mecanismos corretos e eficientes. É preciso conhecer as "armas de combate" contra essas "prisões" formadas pela depressão.

A depressão é uma verdadeira guerra. O Espírito de Deus quer que nosso cérebro responda às suas verdades espirituais, mas a nossa mente e o nosso adversário querem, a todo custo, nos fazer acreditar que a depressão é um processo sem chance de cura ou solução.

Portanto, de maneira prática, ao orarmos para vencer a depressão, devemos pedir a Deus que proteja a nossa mente de acolher pensamentos enviados pelos nossos adversários espirituais. Precisamos pedir a Deus que nos dê discernimento para compreendermos quais dos pensamentos que habitam nossa mente são, de fato, de Deus.

A oração é nossa maior arma contra a depressão

Paulo esclareceu que essas "armas" são espirituais, nos ensinando assim: "As armas com as quais lutamos não são humanas; ao contrário, são poderosas em Deus para destruir fortalezas" (2Coríntios 10.4). Aos efésios, o apóstolo escreveu sobre a "armadura" da qual o cristão deve revestir-se para combater espiritualmente o poder das trevas. "Finalmente, fortaleçam-se no Senhor e no seu forte poder. Vistam toda a armadura de Deus, para poderem ficar firmes contra as ciladas do Diabo [...]. Orem no Espírito em todas as ocasiões." (Efésios 6.10,11,18.)

Ao orar, o cristão deve pedir a Deus que o revista dessa armadura. Sugiro a leitura de todo o texto desse capítulo, principalmente Efésios 6.13-17, e, em oração, peça a Deus para revestir a sua mente e o seu corpo com a armadura espiritual. Se você está sofrendo com depressão, tenha o hábito de repetir essa oração todos os dias. O inimigo não poderá aproveitar da depressão para atuar em sua mente.

Não é à toa que, ao final desse trecho, o Apóstolo enfatize que, para obter o "bom aproveitamento" dessa armadura, a oração é fundamental. Assim, a oração é um meio pelo qual o poder de Deus se manifesta na vida do cristão. Podemos recorrer aos melhores profissionais e terapeutas, mas a oração é uma arma imprescindível para a luta diária contra a depressão.

Temos que ter o entendimento de que, na luta contra a depressão, a cura direta vem de Deus. Nessa luta, as armas não são "carnais" (do grego *sarkikos*), ou seja, não são governadas pela natureza humana, mas, sim, pelo Espírito de Deus. Por isso, tais armas são poderosas e se sobressaem às ferramentas humanas, e a oração não pode ser comparada nem igualada a qualquer outro mecanismo de tratamento. A oração deve ser o primeiro medicamento a ser tomado pelo deprimido todos os dias.

A oração não é remédio que pode ou não funcionar e ter efeitos colaterais. Ela é o método garantido por Deus para esse fim. É a maneira pela qual o cristão pode alinhar seu espírito com o Espírito de Deus e ter a vida governada e direcionada por ele. A oração faz o elo entre o coração de Deus e o dos homens.

Mas, se o cristão não consegue orar, há outra estratégia recomendada a esses pacientes com depressão: é professar partes do livro de Salmos em voz alta, pedindo ao Espírito Santo que cumpra aquelas palavras em sua vida. O paciente também poderá solicitar a um líder espiritual que escreva orações para que sejam repetidas em momentos de dor e angústia.

A oração que cura leva ao conhecimento de Deus, não apenas a desejar ficar livre da depressão

O âmago da oração não está na oração em si, mas no próprio Deus. Isso indica que a pessoa deprimida deve orar não apenas para ser "liberta da depressão", mas para submeter-se e comunicar-se com Deus, ser como ele, amá-lo e servi-lo. A oração é um meio de clamar e buscar a Deus, bem como de aproximar-se dele. É ela que habilita o cristão a construir um relacionamento pessoal com o Senhor.

Orar é adquirir consciência do Espírito de Deus que habita em nós. Quanto mais próximos de Deus, mais livres estaremos de nossas fortalezas e amarras mentais.

A intercessão é um meio para a cura

Como dito antes, alguns pacientes não conseguem orar, tão depressivos se encontram. Nesses casos, o poder de Deus pode ser manifesto e trazer cura por meio da intercessão, o ato de orar em favor de outra pessoa.

Em Tiago, temos este precioso ensino:

> Entre vocês há alguém que está sofrendo? Que ele ore. [...] Entre vocês há alguém que está doente? Que ele mande chamar os presbíteros da igreja, para que estes orem sobre ele [...]. A oração feita com fé curará o doente; o Senhor o levantará [...] orem uns pelos outros para serem curados. A oração de um justo é poderosa e eficaz (Tiago 5.13-16).

Esse trecho revela o poder presente em uma intercessão confiante em favor de um enfermo. A intercessão é uma oportunidade de exercitar o amor e a solidariedade em relação a outra pessoa.

A oração pela cura deverá brotar do coração, que figuradamente representa a sede dos sentimentos no ser humano. Assim, ela deve ser feita em espírito, devotando-se todo o coração, como lemos em Jeremias: "'Então vocês clamarão a mim, virão orar a mim, e eu os ouvirei. Vocês me procurarão e me acharão quando me procurarem de todo o coração. Eu me deixarei ser encontrado por vocês', declara o Senhor, 'e os trarei de volta do cativeiro.'"

(Jeremias 29.12-14a). E, para isso, a oração deve ser sincera e expressar adoração e louvor a Deus.

Deus, mediante sua graça, e somente por ela, em resposta à oração, destruirá todas as fortalezas das trevas que atuam na depressão.

Para finalizar, precisamos compreender que em Cristo já somos vitoriosos contra o mal. Hebreus fala da vitória de Cristo sobre o Diabo, que é dada a todos os filhos de Deus, concedendo-lhes uma "vida abundante" (o "oposto da depressão"), sem fortalezas:

> Portanto, visto que os filhos são pessoas de carne e sangue, ele também participou dessa condição humana, para que, por sua morte, derrotasse aquele que tem o poder da morte, isto é, o Diabo, e libertasse aqueles que durante toda a vida estiveram escravizados pelo medo da morte (Hebreus 2.14,15).

Essa vida em Cristo deve consistir em paz no espírito e, consequentemente, trazer paz à mente e ao corpo, destruindo os processos depressivos que aprisionam as pessoas.

Que Deus possa nos fazer viver conforme Paulo aconselha em sua carta aos Filipenses:

> "Não andem ansiosos por coisa alguma, mas em tudo, pela oração e súplicas, e com ação de graças, apresentem seus pedidos a Deus. E a paz de Deus, que excede todo o entendimento, guardará o coração e a mente de vocês em Cristo Jesus" (Filipenses 4.6,7).

A oração pode nos fazer vencer a ansiedade.

21

Não seja um líder super-herói

Sei que, depois da minha partida, lobos ferozes penetrarão no meio de vocês e não pouparão o rebanho.

(Atos 20.29)

Recentemente, temos presenciado diversos casos de líderes cristãos, sobretudo pastores, que têm tentado suicídio. Isso nos leva a reflexões sobre o motivo pelo qual líderes cristãos possam estar tão adoecidos emocionalmente.

Tenho tido a oportunidade de realizar palestras voltadas para liderança cristã em diversas denominações e o que tenho notado são pastores e líderes emocionalmente esgotados, desiludidos com o ministério, vivendo conflitos familiares e sem o suporte emocional por parte de sua comunidade.

A cobrança por perfeição e *performance*, imposta a eles pelos membros ou por seus próprios líderes, tem ocasionado um número elevado de pastores e outros líderes abandonando o ministério por esgotamento físico e emocional.

Normalmente, pessoas que assumem cargos de liderança, gestão e coordenação e são referência para um grande número de pessoas apresentam maior risco de apresentarem quadros depressivos. Pastores e líderes cristãos são parte da população com alto risco de depressão, pois, em geral, reúnem todos esses atributos.

Vários estudos demonstram a elevada incidência de sintomas depressivos e ansiosos em líderes cristãos. O dr. Lotufo Neto[1] encontrou maior incidência de problemas psiquiátricos em pastores evangélicos do que na população em geral. Entre os pastores com problemas emocionais, a depressão foi responsável por 16,4% dos quadros clínicos, e são várias as razões que podem explicar esse risco maior de depressão entre pastores e líderes cristãos.

Pastores são cobrados a serem perfeitos

Em primeiro lugar, o pastor é cobrado a ser perfeito, a estar sempre feliz, a não apresentar problemas pessoais em público, a ter

---

[1] LOTUFO NETO, F. **Psiquiatria e religião**: a prevalência de transtornos mentais entre ministros religiosos. Tese de livre-docência. Faculdade de Medicina da USP, 1996.

uma família isenta de conflitos ou ainda a não apresentar momentos de oscilações emocionais. Essas cobranças fazem que muitos desses líderes inibam sentimentos, não expressem suas dores, não compartilhem seus dilemas, suas angústias e não demonstrem as fragilidades inerentes a qualquer ser humano.

Essa atitude ou modelo social nas igrejas faz que o líder acumule pressões emocionais internas que, ao longo do tempo, se tornarão um catalizador de quadros de depressão.

Em minha prática clínica, vejo ser comum aos pastores informarem que não compartilham seus dilemas ou sentimentos com sua comunidade, porque correm o risco de ser julgados ou mal compreendidos. Certa vez, um pastor disse que, quando comunicou ao conselho pastoral de sua igreja que estava em depressão, foi informado que deveria deixar imediatamente a igreja, sem que lhe fosse oferecida nenhuma ajuda espiritual ou emocional.

Pastores inibem seus sentimentos

Uma atenção especial deve ser dada aos pastores que inibem seus sentimentos e negligenciam seus cuidados emocionais. Há uma tendência, por parte desses líderes, de espiritualizarem as causas da doença, fazendo que deixem de tratar quadros depressivos e ansiosos inicialmente leves e que, ao longo do tempo, passam a apresentar maior gravidade. São poucos os pastores que praticam esportes, têm *hobbies* ou realizam atividades de lazer.

Também contribui para o surgimento da depressão entre os líderes o elevado grau de problemas conjugais. Frequentemente, ficam divididos entre o cuidado da igreja e a família, ocasionando conflitos emocionais significativos. É comum a família reclamar (muitas vezes com razão) de que a igreja é a prioridade em detrimento da esposa e dos filhos, fazendo que os conflitos no lar e as consequências dessa omissão abram brechas para o surgimento de quadros depressivos.

Há um grande número de pastores que, embora apresentem um ministério aparentemente bem-sucedido, têm a família destruída ou fragilizada emocionalmente. No curto prazo, essa situação pode ser administrada, mas no longo prazo será um grande fator de risco para o surgimento de transtornos emocionais.

A igreja pode adoecer

Fatores internos da igreja também têm sido apontados como causadores de sintomas depressivos. Há pastores sofrendo tentativas de controle, coerção, ameaças, assédio moral e agressões emocionais por parte de conselhos, grupos ou famílias dominantes em sua comunidade. Essas situações são dramáticas, e o líder permanece no ministério sob grande carga de estresse físico e emocional.

Também devemos apontar as constantes dificuldades financeiras vividas pelos pastores evangélicos. Ao contrário do que muitos pensam, a maioria desses líderes é mal remunerada, não possui plano de saúde e não tem previdência social. Isso faz que as preocupações com a família e com o futuro gerem sentimentos de tristeza, desesperança e frustração com o chamado ministerial. Muitas igrejas e comunidades, mesmo apresentando boas condições financeiras, não fornecem o suporte financeiro necessário para que o líder exerça o seu ministério dentro de condições mínimas de saúde emocional.

Pastores trabalham muito mais que a média da população

A sobrecarga de trabalho é outro fator apontado como causador de depressão em pastores. O pastor é cobrado por sua comunidade a estar sempre pronto e disponível para realizar qualquer atividade, seja pastoral, seja sem qualquer relação direta com a sua igreja. Certa vez, um pastor me disse que era cobrado pelos membros de sua igreja a acompanhá-los em concessionárias para supervisionar a compra de carros usados ou ser fiador na locação de apartamentos.

O tempo de descanso, lazer ou cuidado familiar não costuma ser respeitado pelos membros da igreja, fazendo que os pastores tenham uma carga de trabalho muito acima do máximo recomendável.

É comum um líder, mesmo nos finais de semana, realizar funerais, casamentos, cultos, aulas e treinamentos. Isso demanda energia emocional adicional e produz exposição extra a situações com demandas sentimentais e cognitivas completamente antagônicas que pode levar seu sistema emocional a oscilações acentuadas. É, na verdade, uma verdadeira "bomba emocional" experimentada em poucos dias.

Pastores também sofrem com mudanças de cidade ou de comunidades, o que faz que laços afetivos e culturais sejam sempre rompidos. Outra marca de suas experiências que agravam o seu estado é a ausência de amigos na vida de muitos líderes cristãos. Pela contínua cobrança por perfeição e, por muitas vezes, serem traídos por pessoas próximas, a presença de verdadeiros amigos e confidentes é mais rara do que se pensa.

Pastores são um grande alvo espiritual

Por fim, não se pode esquecer da pressão espiritual que sofrem os pastores cristãos. São líderes responsáveis pela condução espiritual de um grande número de pessoas, fazendo que sejam alvos prioritários e frequentes das forças espirituais do mal. Do mesmo modo, a expectativa criada pelos membros de sua comunidade faz que se cobrem mais espiritualmente que o restante das pessoas.

Todos esses fatores somados requerem que os pastores sejam alvos constantes de oração, intercessão e cuidados redobrados por parte dos membros de sua comunidade. Pastores e líderes são homens sujeitos às mesmas paixões, conflitos e dificuldades que nós.

22

Prevenir é melhor que remediar

> Além do mais, ninguém jamais odiou o seu próprio corpo, antes o alimenta e dele cuida, como também Cristo faz com a igreja.
>
> (Efésios 5.29)

É possível prevenir a depressão? Sim. Como a depressão é uma doença que envolve fatores genéticos e ambientais, modificações nos hábitos de vida podem trazer grandes resultados positivos na prevenção e no tratamento dos quadros depressivos.

Mesmo que algumas pessoas já nasçam com uma forte predisposição genética à depressão, a ativação dos genes responsáveis pela doença dependerá muito de influências do ambiente em que vivemos. Dessa forma, hábitos de vida e exercícios físicos podem nos ajudar a inibir a força de algumas doenças e impedir que de fato elas ocorram.

Assim, vários estudos têm demonstrado que doenças emocionais podem ser prevenidas ou atenuadas com uma boa alimentação, prática de exercícios físicos e gerenciamento de estresse.

Hábitos alimentares são importantes para prevenção e recuperação da depressão

Pacientes com depressão tendem a se alimentar de maneira irregular e inadequada, o que os leva à perda de peso ou comprometimento da qualidade da saúde. Em outros casos, sobretudo nos pacientes com sintomas de ansiedade associados, há a ocorrência de momentos de compulsão alimentar, o que causa ganhos de peso. Em situações menos comuns, o paciente adquire um gosto seletivo por apenas alguns alimentos, como doces ou comidas gordurosas.

É importante que o paciente com depressão tenha suporte nutricional adequado durante sua recuperação clínica. Isso não implica que deva fazer suplementação de vitaminas ou minerais indiscriminadamente. A maioria dos estudos médicos falha em demonstrar a eficácia dessa suplementação para várias doenças, mas estudos vêm demonstrando que a baixa de algumas vitaminas (como vitaminas D e B12) pode estar associada a quadros de depressão. Logo, uma avaliação metabólica e hormonal ampla pode ser interessante, visando corrigir eventuais deficiências presentes no organismo de quem está deprimido.

A base para uma vida saudável está, de fato, em uma alimentação balanceada. Vemos no livro do profeta Daniel que este, ao chegar à Babilônia, decidiu não comer a alimentação ruim que serviam no palácio do rei, optando por fazer uma dieta baseada em legumes. Após um período, o seu estado físico e mental se mostrou melhor do que os dos outros que trabalhavam no mesmo período, mas comiam das iguarias (talvez "porcarias") da dieta babilônica.

A medicina tem demonstrado que as interações entre dieta, cérebro e intestino são muito mais próximas do que imaginávamos. Hoje, o intestino tem sido chamado por muitos pesquisadores como nosso "segundo cérebro". Ele se comunica com o cérebro constantemente de maneira direta (por meio de vias nervosas) e indireta (por meio de neurotransmissores), fazendo que nutrientes, inflamação intestinal e as bactérias intestinais exerçam influência em nosso funcionamento cerebral. Logo, a maneira pela qual nos alimentamos ou cuidamos do nosso intestino afetará nossa saúde física e mental.

Por isso, uma dieta que inclua alimentos inflamatórios para o intestino, como bebidas ricas em açúcar, refrigerantes, grãos não integrais (como excesso de pão), carne vermelha, enlatados, embutidos e alguns tipos de gordura (como as disponíveis na margarina) poderão causar alterações no funcionamento cerebral.

Nesse sentido, é oportuno falar sobre a influência da inflamação intestinal na nossa saúde. Pacientes com doenças intestinais, como alergia a glúten ou lactose, ao se submeterem a dietas específicas, relatam melhora substancial em sua energia física e mental.

Além disso, o nosso sistema nervoso recebe e exerce influência sobre nosso sistema imunológico. Dessa forma, alterações imunológicas podem estar envolvidas tanto na causa como na consequência dos quadros depressivos e, dessa maneira, a alimentação exercerá um papel importante na modulação de nosso sistema imunológico.

Não podemos falar de prevenção à depressão e às doenças do cérebro sem um verdadeiro equilíbrio alimentar focado no longo prazo. Usar suplementos vitamínicos ou minerais por um curto período de tempo não trará os benefícios que muitos esperam alcançar com o uso dessas substâncias. As modificações intestinais e cerebrais impostas por uma dieta menos inflamatória podem demorar meses ou até anos para serem percebidas.

Há pessoas que, por causa de problemas no trato gastrointestinal, apresentam dificuldades de absorção de certos tipos de vitaminas e minerais. Isso ocorre, por exemplo, em pacientes que apresentam déficits de vitamina B12. Para essas pessoas, a suplementação será a opção indicada.

Reforço aqui um conceito que — exceto em casos de disfunção alimentar grave — dificilmente uma dieta inadequada causará sintomas depressivos isoladamente, mas fatores dietéticos podem se somar às predisposições genéticas e psicológicas, possibilitando um agravamento ou surgimento de um episódio depressivo.

Um suporte nutricional feito por nutricionista durante um episódio depressivo é recomendável, pois ele adequará a dieta às necessidades individuais. Mas é importante frisar que há alimentos que podem ajudar no tratamento da depressão. O nosso organismo produz serotonina de um aminoácido chamado triptofano, que pode ser encontrado em diversos alimentos. Antes de virar serotonina, o triptofano precisa ser transformado em 5-HTP (ou 5-hidroxitriptofano). Após isso, o 5-HTP é convertido em serotonina. Essa sequência de produção da serotonina requer a participação de algumas vitaminas e minerais, como magnésio, zinco, vitamina B3, vitamina B6, ácido fólico e vitamina C. Se ocorrer uma baixa dessas substâncias, a fábrica de serotonina pode ser prejudicada.

Assim, alimentos que aumentam esses compostos podem ajudar na melhora das funções do cérebro, contribuindo para uma regulação mais eficiente da produção de serotonina. Como exemplo, seguem alguns grupos de alimentos que podem compor a dieta para o deprimido:

- Castanha-do-pará, nozes, amêndoas: ricas em selênio, antioxidantes, importantes para reduzir a atividade inflamatória no organismo.
- Leite ou iogurte desnatado: fontes de cálcio, importantes para o funcionamento dos neurônios.
- Limão, banana, abacate, melancia, mamão: ricos em triptofano, aminoácido que é matéria-prima para produzir serotonina. Abacate e banana também contêm potássio e magnésio, igualmente necessários para várias funções do sistema nervoso central.
- Laranja e maçã: ricas em ácido fólico e vitamina C, extremamente necessários para o cérebro.
- Mel: rico em triptofano.
- Carne magra, peixe, frutos do mar, castanha, amendoim, ervilha: ricos em triptofano e ômega-3, sendo o último extremamente benéfico para os neurônios.
- Cereais integrais (trigo, arroz etc.): além dos benefícios diretos, também ajudam o organismo a absorver triptofano. Aveia e centeio também são ricos em complexo B e vitamina E, que ajudam em várias funções no organismo.
- Folhas verde-escuras: ricas em ácido fólico e vitamina B12, imprescindíveis para o cérebro.
- Chocolate: muito rico em triptofano, o que ajuda na produção de serotonina. Quanto mais rico em cacau, mais saudável e melhor ao funcionamento cerebral.

Esses alimentos são indicados para uma dieta equilibrada em casos de depressão, mas é preciso frisar que o profissional habilitado a adequar uma dieta às necessidades individuais é o nutricionista.

Atividade física é um remédio para o cérebro

Além da dieta equilibrada, um importante auxílio para a prevenção da depressão é a prática de atividade física. Em quadros graves de depressão, é impossível cobrar do deprimido a realização de atividades físicas, porque a doença compromete a energia e a iniciativa do paciente. Entretanto, em casos de depressão leve ou após uma melhora do quadro grave, a prática de atividade física deve ser sempre realizada e estimulada. O paciente com depressão deve priorizar o exercício aeróbico, pois há evidências de que esse tipo de atividade é benéfico para o cérebro. Exemplos de exercício aeróbico são caminhada, hidroginástica, natação, caminhada rápida, corrida e pular corda. Esse tipo de exercício, se praticado por trinta minutos, três vezes por semana, é muito eficaz para melhoria de sintomas depressivos.

O exercício físico pode baixar níveis de cortisol, substância que, se elevada por longo período, é tóxica para os neurônios. Além disso, ele propicia a liberação de endorfina, serotonina e dopamina, neurotransmissores com vários benefícios para o cérebro. Recentemente, algumas pesquisas também têm demonstrado que "fertilizantes cerebrais", substâncias que fazem que os neurônios trabalhem de maneira mais intensa, aumentam sua concentração durante a prática de exercícios físicos.

A endorfina produz a sensação de bem-estar e pode ter efeito analgésico. A dopamina é importante para várias funções cognitivas, como a concentração e a memória. Assim, o exercício físico regular pode ajudar a melhorar vários sintomas provocados pela depressão. Ademais, traz benefícios para a saúde geral e pode ser importante para a integração social. A prática de exercícios deve ser precedida de uma avaliação médica. Deve-se procurar um educador físico para que ele realize um planejamento adequado, considerando as necessidades e capacidades de cada indivíduo.

A prática de exercícios é tão importante para o organismo que vários estudos têm demonstrado que as pessoas que se exercitam têm maior ativação de regiões cerebrais responsáveis pela regulação do humor e da ansiedade. Logo, praticar exercícios pode ser considerado como uma medicação natural.

Palavra final: integrando psicologia, psiquiatria e fé cristã

Nos primeiros capítulos, abordamos as causas físicas, emocionais e espirituais da depressão. Uma vez que esses fatores estão associados às causas da doença, a cura também terá que passar por todos eles.

Os melhores resultados na luta contra a depressão serão atingidos se o cristão fizer um tratamento integral, ou seja, que envolva cuidados com o corpo, a alma e o espírito. Uma vez negligenciada alguma dessas esferas que compõem o ser humano, as respostas terapêuticas serão incompletas ou insatisfatórias.

O cuidado com o corpo, como expusemos, envolve as medidas que visam tratar o componente físico (biológico) da depressão. Assim, é importante tomar medidas visando o resgate do pleno funcionamento do cérebro.

Pudemos explicar que a depressão envolve alterações nos neurotransmissores cerebrais e, dessa forma, medicamentos que aumentam a ação ou os níveis dessas substâncias (serotonina, dopamina ou noradrenalina) são fundamentais para a plena recuperação do funcionamento emocional.

Os medicamentos não devem ser vistos como inimigos, mas aliados, para que a saída da depressão seja um caminho mais curto e suave. As pessoas procuram cardiologistas, gastroenterologistas e outros profissionais, mas se recusam a procurar um psiquiatra, pois não aceitam que o cérebro adoece como qualquer órgão do corpo. O cristão deve compreender que, assim como se usa óculos e medicamentos para tratamento de diabetes, hipertensão e outras doenças, os antidepressivos devem ser usados sem medo ou restrição, caso prescritos por um psiquiatra. Eles atuarão no cérebro, nas áreas responsáveis pelo humor, energia, prazer, sono, apetite e em vários outros locais implicados na gênese de sintomas depressivos.

Entretanto, nem todo quadro depressivo necessitará de medicamentos, uma vez que a maioria das depressões leves pode ser resolvida com psicoterapia e melhor suporte psicossocial.

O cristão não deve ter receio de ir a um psiquiatra ou a outro profissional que trabalhe com saúde mental. É surpreendente que, ainda hoje, algumas pessoas pensem que psiquiatras são responsáveis apenas pelo tratamento de pessoas loucas, ignorando o fato de que quase 99% das pessoas que procuram a psiquiatria têm grande potencial de vida social, profissional e acadêmica.

Preconceitos como esses fazem que quadros depressivos, inicialmente leves e facilmente tratáveis, evoluam para quadros graves e com necessidade de tratamentos mais prolongados.

A negligência do tratamento físico da depressão faz que o cristão deduza que seus problemas sejam apenas de ordem psicológica ou espiritual. Certa vez, atendi uma jovem senhora que dizia estar com um cansaço que não melhorava com nenhuma intervenção. Ela pensava estar sendo alvo de ataques espirituais e de opressão maligna, mas os seus sintomas depressivos se deviam a descompensação da glândula tireoide, facilmente identificada por meio de exame de sangue. Em outro caso, um homem se dizia extremamente cansado para orar, também atribuindo a causa a ataques espirituais e, na verdade, estava com uma anemia profunda.

Em relação aos cuidados psicossociais, eles serão necessários para a cura da depressão. Um dos grandes problemas no tratamento atual é que boa parte dos pacientes quer apenas fazer uso de medicamentos, pensando que estes são soluções mágicas para a solução de todos os seus sintomas. O medicamento é direcionado ao cérebro, com grandes benefícios na remissão de sintomas. Mas não trata a estrutura, a personalidade, os pontos cegos, as autossabotagens, os traumas, conflitos, abusos e negligências armazenados em nossa mente ao longo da vida.

Infelizmente, a medicina moderna tem tentado, por meio da neurociência, reduzir o homem apenas à sua natureza biológica e, por isso, falha em conseguir resultados satisfatórios para grande parte dos pacientes com depressão.

Há tipos de depressão em que o componente biológico é preponderante em relação aos demais, e nesses casos o medicamento assume maior importância. Por outro lado, há processos depressivos que derivam significativamente de origens psicossociais. Nesses casos, os fármacos terão importância reduzida ou serão desnecessários.

Quando se fala em tratamento psicossocial, devemos dar maior importância às práticas psicoterápicas. A psicoterapia feita por um psicólogo é de fundamental importância para a identificação de processos familiares disfuncionais, erros cognitivos, esquemas mentais destrutivos, distorções da realidade e inúmeros outros fatores que podem estar no cerne do quadro depressivo.

Vimos como há cristãos que se recusam terminantemente a fazer psicoterapia, e alguns conceitos são muito comuns: "Deus é meu psicólogo", "Não vou pagar para alguém me ouvir, para isso tenho amigos e namorado", "Psicologia é coisa do Diabo para nos desviar da Palavra de Deus" e "Terapia é coisa de gente fraca".

Não tenho dúvidas de que Deus é suficientemente poderoso e tem poder para curar ou resolver qualquer problema que possamos apresentar a ele. Mas, desde que criou o homem, ele o fez com a capacidade e a necessidade de se relacionar com seu próximo. Jesus se relacionava constantemente com seus discípulos a ponto de alguns deles terem sido mais próximos que outros. Adão habitava o jardim do Éden em perfeita comunhão com Deus, e este o visitava diariamente. Mesmo assim, Deus viu que o homem estava só. Foi então que lhe deu a mulher, alguém com quem pudesse conversar de maneira equânime e com a mesma linguagem. Fomos criados para ter relacionamentos terapêuticos.

A psicoterapia é uma forma técnica, qualificada, relacional e altamente eficaz para que, por meio de um profissional qualificado, possamos não somente identificar as origens emocionais de quadros psiquiátricos, mas também obter cura ou alívio. O cristão sempre terá em Cristo o seu maior confidente e terapeuta. Contudo, um psicólogo poderá ser um instrumento usado por Deus com essa finalidade e para um tratamento eficaz.

Os cuidados psicossociais também envolvem a participação de conselheiros cristãos e melhor integração do doente à sua comunidade. Pastores e conselheiros cristãos são úteis e necessários, não apenas nos cuidados espirituais, mas também no socorro e alento emocional. Há questões emocionais envolvendo o cristão que podem ser plenamente resolvidas e administradas de maneira eficaz em uma igreja saudável e com ouvintes que tenham sensibilidade emocional e espiritual.

De maneira alguma acredito que as igrejas devam ter departamentos profissionais de psicólogos e psiquiatras em sua estrutura, mas líderes leigos minimamente treinados a ter uma escuta equilibrada e qualificada. Muitos casos chegam desnecessariamente a psicólogos ou psiquiatras pela ausência de cuidado adequado dentro da igreja.

É importante destacar o grande valor e eficácia dos pequenos grupos. Hoje, muitas igrejas estão divididas em grupos de 10 a 30 pessoas, que se reúnem em casas, faculdades ou escritórios. A nomenclatura para esses grupos é diversa, sendo chamados de células, grupos de crescimento ou grupos de comunhão. Esses pequenos grupos são altamente terapêuticos, pois possibilitam ao deprimido um ambiente de confissão, aceitação, integração e suporte emocional e espiritual. A psicologia moderna mostra cientificamente que pequenos grupos são uma das ferramentas terapêuticas mais eficazes para a reabilitação emocional.

Outro ponto negligenciado quando se fala do tratamento integral da depressão e fatores psicossociais é o cuidado com a saúde emocional. Cristãos, por darem mais valor a questões diretamente espirituais, negligenciam atitudes e práticas que possibilitam uma boa saúde mental, tais como atividades de lazer, *hobbies*, arte, artesanato, apreciação da natureza e outras exposições que são verdadeiros remédios emocionais.

Certa vez, ao atender um cristão deprimido, o principal fator causal era uma sobrecarga de atividades em sua própria igreja. Ele frequentava reuniões ou cultos todos os dias, não tendo tempo para lazer, descanso ou atividades com sua família. Os salmistas, por exemplo, apreciavam a natureza, vendo nela a glória e a presença de Deus, e isso com certeza era muito terapêutico.

Se não cuidarmos de nossa natureza física e emocional, estaremos sendo displicentes com o que a Bíblia nos manda e orienta fazer.

Por último, não há como o cristão separar a depressão de sua natureza espiritual. Mesmo que um episódio depressivo tenha causa biológica ou psicológica, a vida espiritual será afetada, sendo necessários ajuda e suporte espiritual adequado.

O cristão deprimido tem grande dificuldade em práticas como a leitura bíblica e a oração. Nesses casos, amigos e familiares são fundamentais para o seu fortalecimento e cuidado espiritual.

Além disso, como abordado inicialmente neste livro, a depressão pode ser causada ou agravada por influências de origem espiritual que envolvam a atuação direta ou indireta de forças espirituais do mal. Nesses casos de preponderância de fatores espirituais, a libertação, o discipulado e a cura interior serão as principais armas terapêuticas.

Em alguns casos, a fragilidade biológica e emocional tornará difícil a eficácia de intervenções espirituais (como cura interior); logo, os líderes espirituais deverão saber o momento correto para que alguns processos espirituais de cura sejam implementados individualmente em cada pessoa. Em outras situações, é preferível esperar uma melhora biológica e emocional do deprimido para que o suporte espiritual seja mais bem compreendido e implantado.

A integração entre as causas espirituais de depressão e os fatores biológicos e emocionais é tão intensa que, em muitos casos, se torna difícil separar ou identificar se algum desses fatores se sobrepõe aos demais. Essa divisão apenas torna o nosso entendimento mais didático, mas, na prática, uma abordagem que integra sempre esses três fatores será sempre muito mais eficaz.

Espero que o leitor, ao terminar a leitura deste livro, tenha feito reflexões sobre essa doença terrível chamada depressão.

A mais importante delas é a necessidade de fazer um tratamento integral, que envolva profissionais de saúde emocional e os cuidados espirituais. Ainda que sejamos tentados a segmentar o ser humano, o físico, o emocional e o espiritual atuam conjuntamente, direta ou indiretamente, existindo em todos os quadros de depressão. Isso exige que a pessoa com depressão tenha maturidade e sabedoria ao procurar a cura. Soluções terapêuticas extremistas podem fazer que a procura pelo tratamento se torne ineficaz e decepcionante.

Os extremos no meio cristão ocorrem sobretudo por causa da negligência de cuidados médicos e emocionais, hipervalorização de soluções místicas, rápidas e carregadas de atributos que desumanizam o sujeito. Infelizmente, setores do cristianismo brasileiro têm valorizado cada vez mais essas soluções "mágicas" em detrimento de disciplinas espirituais adequadamente fundamentadas nos textos bíblicos, e isso tem produzido uma geração de cristãos doentes.

A depressão pode ser um momento permitido por Deus para o aprendizado, amadurecimento e crescimento espiritual. Contudo, enquanto for vista como sinônimo de pecado, falta de fé ou de maldição, estaremos diante de um processo que produzirá dor e sofrimento a inúmeros cristãos brasileiros. A forma com que se vê a doença e se procura vencê-la talvez seja o fator mais importante para a cura do cristão deprimido.

Outra reflexão necessária é sobre a necessidade de profissionais de saúde mental não enxergarem a fé e a espiritualidade como contrárias ou prejudiciais ao tratamento da pessoa emocionalmente enferma. Há inúmeros artigos médicos demonstrando os benefícios da espiritualidade no tratamento dos quadros depressivos. Mesmo assim, práticas espirituais como fé e oração ainda são mal vistas por muitos médicos e terapeutas.

Não defendo que cristãos devam se tratar somente com profissionais cristãos; isso é desnecessário. Mas a fé e a espiritualidade de cada sujeito devem ser vistas e incentivadas (se equilibradas) como um importante recurso terapêutico por parte de profissionais envolvidos no cuidado emocional. Da mesma forma, pastores e líderes cristãos não devem ver a psicologia ou a psiquiatria como inimigas, mas aliadas no socorro e no entendimento do cristão enfermo. O diálogo entre as partes será sempre bem-vindo e de grande utilidade para a restauração da alma.

Sobre esse diálogo e integração, a fé cristã bíblica e verdadeira não deve se submeter aos procedimentos médicos ou psicológicos como se fosse inferior ou desprovida de poder para curar. Por mais que esses recursos sejam proveitosos e terapêuticos, o cristão deve saber e reconhecer que o caminho para a sua cura sempre deverá passar pela ação e o relacionamento com Deus.

Da mesma forma que devemos evitar soluções mágicas em nossa espiritualidade cristã, não podemos pôr nossa esperança de cura e tratamento apenas em bons profissionais médicos ou psicólogos. Nesse ponto, a igreja tem grande responsabilidade na medida em que reconhece seu papel como entidade representativa de Deus na terra e evita que o cuidado do doente depressivo seja sempre terceirizado para profissionais.

Infelizmente, tenho percebido que alguns líderes cristãos, por falta de preparo ou mesmo paciência, preferem encaminhar demandas relacionadas à depressão para profissionais, sem se envolverem em relações de ajuda. Algumas igrejas chegam a criar departamentos de saúde mental para os quais as pessoas consideradas depressivas, problemáticas ou temperamentais são encaminhadas para uma ajuda "profissional", sem receberem o suporte espiritual adequado.

Por último, é preciso que alguém, sofrendo de depressão ou que queira ajudar pessoas que estejam passando por ela, procurem leituras adicionais, visando o entendimento e a compreensão mais aprofundada acerca da doença. Leituras médicas e teológicas mais abrangentes podem preencher as lacunas que, porventura, este livro tenha deixado na mente do leitor.

Peço a Deus, em oração, que esta leitura seja apenas um ponto de partida rumo a um aprendizado para situações diante das quais ele nos colocará, e que esse conhecimento acerca das questões emocionais do ser humano seja de grande utilidade. Que sejamos usados por ele como agentes de restauração da alma.

Esta obra foi composta em *ITC Slimbach*
e impressa por Promove Artes Gráficas sobre papel
Pólen Natural 70 g/m² para Editora Vida.